KB038476

팬덤파워

팬덤이 흔드는 시장과 진정성 마케팅

FANDOM POWER

최원준 지음

팬덤파워

팬덤의 시대, 팬덤이 지닌 무한한 가치에 집중할 시기이다!

pazit

팬과 팬덤은 21세기의 사회와 미래를 설명하는 가장 중요한 키워드이자 핵심 동력이다. 그런데 사실 과거 시대의 이론들이 가장 설명하기 어려워하는 것이 바로 이 대목이다. 왜일까? 기존의 감정과 이성의 요소로는 결코 그 양과 질에 대한 추측이 충분하게 이루어지지 않기 때문이다. 그렇다면 이제 이 자체를 하나의 별도의 정신 요소이자 현상으로 봐야 한다. 그리고 새로운 변인이 인간의 두뇌와 삶에서 만들어졌다면 충분하고 치밀하게 관찰해야 한다. 이는 대부분 그 새로운 현장에서 치열하게 일해 온 사람이어야만 가능하다. 그 일을 제대로 해낸 책이 드디어 세상에 나왔다. 읽는 내내 지난 수십 년 간의 현상에 대한 이해가 명확해졌고 앞으로 수십 년에 대한 가늠이 더 선명해졌다.

인지심리학자 **김경일**

2021년 9월 17일 오전 10시

용산 트레이드센터 빌딩 14층 한쪽은 긴장감으로 가득하다. 3일 전 출시했던 좀 특별한 '팬덤' 신용카드가 검증대에 올랐기 때문이다. 새로운 방탄소년단 기념 굿즈 출시를 앞두고, 이 신용카드를 통해 몇 명이 결제를 할지가 관건이다. 협력사인 국내 굴지의 신용카드 파트너사와 게임에서 잔뼈가 굵은 국내 결제 대행 파트너사들 역시 긴장하고 있다.

오전 10시 10분

위버스플랫폼 게시판과 더쿠^{theqoo} 사이트에 위버스 신용카드 결제 실패 메시지들이 올라오고 있다. 실시간 동시 접속자 1만 명이 넘어가면서 카드사와 결제사의 서버가 결제 승인 처리를 하지 못하고 있다. 사고다! 팬덤이 만들어 낸 엄청난 동접 용량 초과 사고. 이 모든 과제를 총괄하고 있던 나의 핸드폰과 슬랙 메시지 창은 경영진과 실무 개발자들, 그리고 파트너사 담당들과의 소통으로 폭발하기 직전이다. 수습을 해야 한다.

파트너사들의 결제 서버는 기존 처리 용량의 4배 이상을 증설하는 것으로 대응을 마쳤다. 그리고 파트너사 담당과 경영진은 예상을 웃도는 팬덤의 강력함에 망연자실.

이틀 만에 무려 만 명 이상 발급한 이 특별한 카드는 바로, 방탄소년단을 포함한 하이브 소속의 세븐틴, 투모로우바이투게더, 엔하이픈의 팬덤을 겨냥한 PLCC(상업자표시 신용카드)로 하이브의 팬덤 플랫폼, 위버스에서 혜택을 적립하고 돌려주는 위버스 신용카드이다.

BTS의 소속사이며, 세간의 주목을 한몸에 받던 하이브의 신규 사업 프로젝트 리더였던 나는 BTS를 비롯한 4개 아티스트의 상징과 포토가 들어간 위버스 플랫폼의 팬덤 신용카드를 3일 전 출시하고, 첫 대규모 거래인 BTS '달마중 머치(아티스트 굿즈)'의 유료회원 대상 판매를 맞이했다. 그 신용카드가 결제 수단으로 사용될 때 과연 얼마나 안정적이고 효과적인 팬덤 결제 툴로 사용이 될 것인지를 가늠하는 첫 무대인지라 두근거렸다.

온라인 위버스숍에서 상품이 공개되고, 회원들이 물밀듯이 결제를 하며 그 수치가 급증하였다. 나온 지 3일밖에 안 된 위버스 신용카드 결제 역시 엄청난 숫자로 늘어가고 있었다. '이제 됐다!' 하는 안도의 한숨을 쉬기가 무섭게, 10분도 채 안되어 결제 실패 클레임이 사이트에 올라오기 시작했다. 갑자기 몰린 결제 트래픽에 상상을 초월하는 숫자의 고객이 몰리면서 결제 서버가 다운되었다. 이 결제 서비스를 위해서 함께 준비한 파트너사들은 훌쩍 뛰어넘은 팬들의 러쉬를 견디지 못했다. 물론 이를 다시 안정적인 결제로 만들고자 빠른 시간 내에 복구는 하였지만 가공할 만한 팬덤의 위력을 실제로 체험하는 중요한 계기가 되었다.

BTS의 팬들은 판매가 시작되기 전부터 상품을 검색하고, 서로 정보를 나누고, 미리 결제 수단을 준비하고, 오픈하기만을 기다리고 있었던 것이다. 아마도 이런 고객들은 기업으로서는 꿈의 고객이라고 할 수 있겠다. 최근 만난 기업 경영자들과 스타트업 대표들은 이 팬덤 경험에 대해서 엄청난 관심과 함께 질문을 해 오고 있다. 팬덤에 대한 기업의 기대는 이러한 고객들의 폭발력 있는 소비 행동이, 자신들의 기업 또는 제품이나 서비스에 형성되기를 간절히 바라기 때문이다.

광팬, 빠순이, 오타쿠, 덕질 등 하위 문화를 대변하던 팬덤은 최근에 그 소비력과 사회적 관심을 바탕으로 보다 긍정적으로 재평가되며 수면 위로 떠올랐고, 이제는 그 막강한 영향력을 입증하면서 기업들이 잡아야 할 '새로운 고객'으로서 재조명되고 있다. 이를 새로운 사업의 기회로 활용하고자 하는 컨설팅 회사들과 광고 회사들은 기존 브랜드 마케팅을 팬덤 마케팅으로 리네임하여 다시 기업들에게 신생 마케팅 툴로 발 빠르게 제안하고 있다. 바야흐로 브랜드 마케팅의 시대에서 팬덤 마케팅의 시대로 빠른 변화를 이끌고 있는 것이다.

이러한 변화의 흐름 속에서, 기업은 몇 가지 의문을 마주하게 된다.

과연 기업 또는 제품의 충성 고객은 팬과 같은가?
충성 고객과 팬이 다르다면,
기업은 고객을 팬으로 바꿀 수 있을 것인가?

충성 고객은 개인의 수준에서 특정 상품 또는 브랜드를 매우 선호하는 고객이라는 점에서 팬과 공통점을 가지고 있다. 하지만 그들을 모두 팬이라고 부를 수 없는 것은 팬으로서의 사회적 정체성을 가지고 있지 않기 때문이다. 충성 고객 모두가 팬클럽을 만들지도 않고, 커뮤니티 또는 누군가에게 스타를 대신하여 열심히 찬양의 글을 올리거나 구매를 독려하지도 않는다. 어떤 의미에서 팬은 충성 고객이자 때로는 스타를 격려하고 응원하는 육성자breeder이며, 때로는 먼저 비판도 서슴지 않는 감시자watcher이며, 타인에게 널리 구전하는 진정한 의미의 전도사evangelist이기도 하다. 이러한 팬은 이미 충성 고객이면서도, 그 이상의 무엇을 가지고 있는 것임에 틀림없다. 기업은 이제까지 수많은 커뮤니케이션 비용을 투자하여 브랜드 마케팅으로 충성 고객을 만들어 내는 고객 관계를 일구어 왔다. 하지만 자사 기업이나 브랜드, 제품의 팬덤을 만들어 왔다기보다는 브랜드 로열티를 제고하는 데 집중하였고, 팬 고객은 자생적으로 만들어지기를 수동적으로 기다려 온 측면도 없지 않다.

　최근 선도적인 기업들은 단순히 충성 고객을 확보하는

마케팅 노력에 그치지 않고, 고객들을 팬으로 전환하여 치열한 경쟁 시장에서 안정적인 고객군을 확보하기를 원하고 있다. 그렇지만 충성 고객과 팬덤 고객은 그 특성과 행동이 다르고, 어떤 의미에서 고객을 팬덤으로 바꾸는 것은 기존의 마케팅 패러다임의 충성 고객 만들기와는 그 결이 매우 다름을 간과하기 쉽다. 어쩌면 '고객을 팬으로 만들수 있다는 것'은 마치 미국 서부 시대에 서쪽으로 가면 금광이 있다는 것과 같은, 또 하나의 환상일수도 있다. 분명 기존 마케팅 투자 방식으로 저관여 고객을 충성 고객으로 바꾸는 마케팅 노력은 어느 정도 효과를 거둬 왔지만 과연 '동일한 방식'인 마케팅 투자를 통해서 팬덤 고객으로 바꿀 수 있을지는 의문이다. 일반 충성 고객과 팬덤 고객은 그 태생부터 바라는 지향점이 다르다. 충성 고객이 팬덤으로 넘어가기 위해서는 팬덤을 이해하는 새로운 접근이 필요하다.

여기서 우리는 '팬, 그리고 팬덤'에 대한 새로운 사고 패러다임이 필요한 것이다. 실제 팬덤 사업을 위해 인터뷰해 온 팬 고객들은 일반 소비자 고객과는 다소 다른 사고 체계를 가지고 있었고, 팬과 고객을 구분하는 매우 중요한 지표들을 담고 있었다. 어쩌면 일반 고객들과 다른 팬의 특성들을 알아내고, 그들의 신념과 행동을 이해한다면 충성 고객을 넘어서 팬덤 고객을 확보하는 새로운 팬 마케팅의 기회가 가능해질 것이다.

이 책은 구체적으로는 팬은 어떻게 생겨나고, 어떤 과정을 거쳐 진화하며, 궁극적으로는 그들이 원하는 것과 바라는 세계관에 어떻게 접촉할 것인가를 들여다 볼 것이다. 팬덤에 대한 이해를 통해, 기업은 어떻게 팬덤 고객을 육성하고 활성화할 수 있을지에 대한 전략들을 세울 수 있을 것이다. 또한 팬들이 팬 고객이 되고, 어떠한 방식으로 팬-스타의 관계를 형성하는가에 대한 맥락적 이해를 통해, 팬덤에 대한 우리 시각의 간극을 좁히고, 폭넓은 이해의 바탕을 제공하고자 한다.

팬은 스타와 성장하기를 원하고, 그 성공을 위해 아낌없이 추앙과 헌신을 제공하면서 진정한 동반자가 되기를 원한다. 그리고 팬과 스타는 그러한 '우리들만의 세계관'을 만들어 내고 있다. 이 글에서 나는 실제적인 기업의 마케팅 의사결정을 통해 자사 기업과 브랜드 또는 제품이나 서비스에서 어떻게 팬덤을 초기부터 육성할 수 있을지, 팬덤 경영 프레임워크에 대한 새로운 대안을 제시해 보았다. 팬덤을 경영한다는 것은 기존의 마케팅 프레임워크를 벗어나 출발점과 지향점에서 다소 다른 방향으로의 조준이 필요하다는 것을 의미한다. 고객과의 관계에서도 새로운 활동들을 준비해야 하기 때문이다. '진정성'과 '세계관'은 이제 기업이 팬들을 위해서 열어야 할 또 다른 비밀의 문의 열쇠이다. 이 새로운 팬덤의 문을 개방하고 받아들이는 방식에 대한 폭넓은 논의를 통하여, 새로운 팬덤 경영의 실마리를 풀어가고자 한다.

팬덤 인터뷰를 해 오면서, 1등이라고 해서 1등 팬덤을 갖게 되는 것은 아니고, 때로는 꼴찌에게 더 큰 팬덤이 형성되면서 팬들이 앞장서 아직 육성되지 못한 스타를 1등으로 만들어 주는 과정을 목격하기도 했다. 팬덤은 스타의 진정성 있는 스토리가 소비자에게 감성적인 터칭을 만들어내는 순간부터 싹터, 큰 울타리로 성장하고 소통하는 그 모든 이야기에 담겨 있는 세계관이다.

팬덤에 대한 새로운 조망을 제시하는 이 책이, 수많은 제품과 서비스들이 쏟아져 나오는 현재 기업 환경에서 기업이 팬덤 고객들을 이해하여, 그들과 진정으로 소통할 수 있는 계기가 되기를 희망한다. 더 나아가 기업이 자사 기업이나 제품 또는 서비스의 팬덤을 기반으로 더 큰 기업으

로 성장할 수 있는 전략적 초석으로 활용할 수 있게 되기
를 바란다.

2024년 8월

최원준

차례

추천사   4

프롤로그   5

1부   왜, 지금 팬덤 경영인가

팬덤의 시대   21
+ 10대들의 광란에서 팬클럽의 시대로 · 23

팬덤으로 방향을 튼 기업   29
+ 고객은 팬이 될 수 있는가 · 32
+ 충성 고객과 팬덤의 차이 · 36
+ 팬덤의 출발점을 관리하라 · 39
+ 팬덤 마케팅과 브랜드 마케팅 · 41
+ 팬덤 마케팅 패러다임 · 44

팬덤의 역할 : 팬 파트너십   51

팬덤의 종류   57
+ 기업 팬덤 · 57
+ 제품 팬덤 · 59
+ 서비스 팬덤 · 62

2부 팬덤 프레임워크 이해하기

팬덤 프레임워크   67

1단계 : 입덕 Touching   70

2단계 : 몰입 Absorbing   74

3단계 : 동일시 Identifying   78

4단계 : 숭배 Worshiping   81

5단계 : 헌신 Dedicating   86

팬아이콘 교감 요인   89

✦ 오리지널 트루 스토리 • 90

✦ 이해 & 공감 • 94

✦ 타인과의 교감 • 97

✦ 보상 없는 헌신 • 101

팬덤 프로세스 운영하기   108

✦ 감동을 만드는 출발점 • 108

✦ 아는 것이 팬힘(팬심)이다 • 111

✦ 팬피어와의 연결 고리 • 114

✦ 팬아이콘의 정보 공유 속도와 타이밍 • 118

✦ 스타는 팬이 지키고 키운다 • 123

팬덤의 단계별 성장과 육성   127

✦ 1단계 : 현재 팬덤 단계 확인 • 128

✦ 2단계 : 팬덤 목표 방향 설정 • 132

✦ 3단계 : 몰입을 넘어 동일시 단계로 • 134

✦ 4단계 : 동일시를 넘어 숭배와 헌신의 단계로 • 136

✦ 5단계 : 팬덤 커뮤니케이션 • 137

3부 팬덤 세계관

터칭을 만드는 팬매력   143

+ 팬매력의 바탕이 되는 진정성 • 144
+ 팬과 팬아이콘의 교감, '팬퍼포스' • 147
+ 실수도 콘텐츠가 된다 • 151

팬과 팬아이콘이 연결된 세계   154

+ 팬아이콘이 처음 시작하는 세계관 • 155
+ 팬 욕구 이론 • 159
+ 변화하는 팬덤 • 163

4부 팬덤 경영

팬덤이 가져온 새로운 경영 기회   169

✦ 수면 밑 팬덤과 기업 경영 • 171
✦ 수면 위 팬덤과 기업 경영 • 177

팬덤 경영   182

✦ B2C 기업의 팬덤 경영 • 184
✦ B2B 기업의 팬덤 경영 • 212

에필로그   219

1부

왜, 지금
팬덤 경영인가

팬덤의 시대

팬덤의 시대다. 사실 팬덤은 인류가 영장류에서 분화하여 동굴에서 집단생활을 하던 시대부터 시작되었다. 잠깐 눈을 감고 과거로 돌아가 보자. 기원전 1만 년으로.

부족 누군가 검은 들소를 사냥했고, 그날 저녁 온 마을에서 축제가 열렸을 것이다. 누군가는 이것을 영웅담으로 만들어 널리 퍼뜨릴 것이고, 자연스레 그 사냥꾼을 좋아하고 지지하는 팬이 생겨날 것이다. 이들은 사냥꾼의 이야기를 벽화로 기록하여 주변 부족과 후대에 널리 알리고자 했을 것이다. 바야흐로 팬덤의 탄생이다.

우리 부족이 한 달은 먹고살 수 있는 양식을 사냥한 영웅을 기리고 응원해 또다시 사냥감을 가져오기를 바라는 마음은 인간의 당연한 본성이다. 역사로 기록되기 이전부터 우리 인류는 누군가의 또는 무엇인가의 팬으로 진화해왔다. 통제할 수 없는 자연에 대한 동경과 두려움 속에 자신들을 대변할 우상과 영웅을 찾아내고 그들을 추앙하고 숭배하는 마음을 갖게 된 것이다. 이렇듯 팬덤은 자연스러운 인간의 본성에서 나온 경험이다.

팬덤은 종교 영역에서도 찾아볼 수 있다. 전 세계 종교 유적지를 다니면서 보게 되는 성물과 성전은 오늘날 연예인 팬덤의 굿즈Goods(특정 인물이나 대상을 주제로 만든 제품), 성지(연예인이 방문했거나 관련이 있는 장소로 팬들이 '성지순례'라는 이름으로 방문한다) 등과 매우 유사하다. 정치로 눈을 돌려 보자. 정치가 추종자의 응원과 지지를 기반으로 권력을 가진다는 측면에서 정치와 팬덤은 불가분의 관계이다. 선거 유세 현장을 보면 마치 콘서트 같은 대중 유세가 있고 수많은 지지 세력이 환호와 응원을 보내는 광경을 흔히 볼 수 있다. 이들은 지지 후보에 대해 아낌없는 팬심을 드러내고 더 많은 팬들의 지지를 이끌어 내도록 최선을 다한다. 지지 세력은 팬인 동시에 전도사가 된다.

이제는 종교, 정치라는 획일적이고 독재적인 우상을 뛰어넘어 사람들은 누구나 자기가 좋아하는 대상을 스스로 찾아 자유롭게 응원하고 타인과 교감할 수 있는 시대가 되었다. 대중문화에서뿐만 아니라 기업 마케팅에서도 팬덤은 새로운 조류가 되어 '모든 것에 대한 팬덤의 시대^{fandom for everything}'를 맞이하였다.

10대들의 광란에서 팬클럽의 시대로

'팬덤^{Fandom}'은 'Fanatic'과 'fan'에 '영지' 또는 '나라'를 뜻하는 접미사 '-dom'을 붙인 것으로, 유명인이나 특정 분야를 지나치게 좋아하는 사람이나 무리, 나아가 팬 활동과 관련된 일련의 현상을 뜻한다. '팬^{Fan}'은 '광신자'를 뜻하는 영어의 'Fanatic' 또는 라틴어 'Fanaticus'에서 유래하였다. 여기에는 '열정적'이라는 긍정적 의미보다는 '심취하여 맹신하는'이라는 부정적 의미가 더 강하게 담겨 있다.

청소년기 자녀를 둔 양육자들이 아이들 방에 걸려 있는 아이돌 포스터를 쳐다보며 걱정하는 모습을 떠올려 보라. 그동안 팬덤은 광적이고 무엇인가에 홀려 있는 젊은이들을 지칭하는 용어로 주로 사용되었다. 부정적 시선은 자신이 누군가의 팬이라는 것을 자신 있게 말할 수 없도록 만드는 잠재적 죄의식을 심어 줬다. 팬 활동은 '빠순이' '오타쿠' '덕질' 등 다양한 표현으로 비하되고 평가절하되어 왔다. 사생팬, 인디팬, 그루피Groupie(록밴드를 따라다니면서 친밀한 관계를 맺고자 하는 여성팬들에 대한 멸칭) 등 팬덤의 부정적 측면을 부각한 용어가 대중 사이에서 흔하게 사용되기도 했다.

팬덤과 관련된 사건 사고 역시 팬덤에 대한 부정적 시선을 강화했다. 1989년 미국에서는 배우 레베카 쉐퍼가 스토커인 팬의 총에 맞아 숨진 사건이 있었다. 이를 계기로 1990년 미국 캘리포니아를 시작으로 스토킹 방지법이 각 주에서 제정되었다. 팬덤이 매스컴에 오르내리는 일은 한국에서도 있었다. 1969년 10월, 가수 클리프 리처드의 내한 공연을 보던 여성 관객들이 속옷을 집어 던졌다는(실제로 꽃과 손수건만 던졌다고 한다) 내용이 대서특필되며 기성세대들에게 큰 충격을 주었다. 또한 1992년 2월에 열린 5인조 보이밴드 뉴 키즈 온 더 블록의 내한 공연은 국내 팬덤 역사상 최악의 사건으로 기록되었다. 공연 도중 청중석에 앉아 있던 팬들이 무대 앞으로 달려 나가다 서로 엉키며 졸도하여 35명이 병원으로 실려 가고, 끝내 여고생 한 명이 숨지는 사태가 벌어졌다. 언론은 '10대들의 광란'으로 이날을 보도했고, 안전 문제를 소홀히 한 채 공연을 추진한 서라벌레코드 대표는 업무상과실치사상 및 공연법 위반 혐의로 구속되었다. 서라벌레코드는 그해 9월 부도가 났으며 결국 폐업하였다. 팬덤에 대한 부정적 인식은 팬덤 활동을 음지로 숨어들게 만들었다.

이후 20세기 말부터는 팬덤에 대해 새로운 평가가 시작되었다. 미국의 커뮤니케이션 학자 헨리 젠킨스 교수는 〈Textual Poachers〉(1992)를 통해 팬을 '능동적인 관중Active Audience'이라고 정의하고 이들의 참여적이고 생산적인 활동에 주목했다. 젠킨스 교수는 팬들이 사회문화적 관점에서 새로운 형태의 문화 소비를 하고 있음을 강조하고, 팬덤이 팬아이콘Fan Icon*을 응원하고 지지하는 콘텐츠를 적극적으로 생산하고 공유하는 것에 가치를 부여했다. 팬들이 단순히 팬아이콘이 제공하는 콘텐츠에 수동적으로 반응하는 존재가 아니라 능동적 주체임을 강조한 것이다.

● 이 책에서 팬덤의 대상을 '팬아이콘(Fan-Icon)'이라는 용어로 사용하고자 한다. 팬덤에 있어서 중요한 것은 팬과 스타의 관계라는 생각이 보편적이나 이미 팬덤이 완성되었다고 볼 수 있는 '스타'가 아닌 새로운 용어를 사용하는 것이 보다 초기부터 팬과의 관계를 파악하는 데 유용하다. 또한 '팬아이콘'이 '스타'보다는 좀더 광의의 개념으로 이 책에서 말하는 '팬덤의 대상'을 표상하는 데 효과적이다.

이 시기를 거치면서 우리나라에서도 팬덤의 태동이라 볼 수 있는 '팬클럽의 시대'가 시작되었다. 1980년대 조용필의 오빠 부대를 필두로 1990년대 서태지와 아이들 팬클럽 등 큰 규모의 팬클럽이 만들어졌다. 그 후 등장한 21세기 팬클럽은 팬덤의 대상인 팬아이콘과 보다 적극적으로 교류하게 되었다. 팬덤이 세상 밖으로 당당하게 존재를 드러내게 된 것이다.

최근에는 팬덤의 문화적 활동과 경제적 소비력이 주목받고 있다. 대중들도 팬클럽 문화를 쉽게 접하게 되었고, 팬덤 사이에서 사용되는 '굿즈' '스밍(스트리밍, 음원 차트 순위를 높이기 위해 음원을 재생하는 것)' '최애(가장 좋아하는 멤버)' '입덕(덕질 시작)' 등과 같은 용어는 이제 일반인들에게도 낯설지 않다. 중장년층 부모 세대를 중심으로 트로트 가수 팬덤도 생겨났다. 대한민국으로만 한정하면 임영웅 팬덤이 BTS 팬덤보다 더 크다고 주장하는 팬들도 있다.

기업에서는 이런 현상에 주목하며 팬덤에서 새로운 가능성을 기대하고 있다. 많은 기업이 팬덤이 가져오는 경제적 가치에 주목하며 팬덤 활용에서 마케팅 기회를 찾기 위해 소비자를 팬덤으로 바꾸려 한다. 팬덤의 지지를 받는 팬덤 기업이 되고자 하는 것이다.

할리데이비슨 재건의 주역, '호그'

120년 역사의 오토바이 기업 할리데이비슨은 팬덤 기업의 대명사라 할 수 있는 기업 중 하나로 팬덤 덕분에 현재까지 그 영향력을 유지하고 있다 해도 과언이 아니다. 할리데이비슨은 혼다, 가와사키 등 저가의 고성능 일본 오토바이의 출현과 폭주족, 마약상 등 오토바이 라이더에 대한 부정적인 인식으로 인해 1969년 레저용품 회사인 AMF에 매각되었다. 이후 오토바이 엔진 기술을 이용해 수상 제트스키, 골프 카트 등을 만들면서 오토바이 회사로서의 명성은 끝난 듯했다.

약 10년의 어두운 세월을 보낸 할리데이비슨은 1981년 큰 변혁을 맞게 된다. 창업자의 손자인 윌리 데이비슨을 포함한 13명의 임원이 할리데이비슨이 바이크 회사로 다시 일어설 수 있도록 회사를 매입한 것이다. 경영진들은 '독수리는 홀로 날아간다Eagle Soars Alone'라는 슬로건과 함께 회사를 재건하겠다는 의지를 보여 주었다.

새로 개발한 신형 엔진을 얹은 바이크로 레이싱 대회를 석권하며 미국 전역에서 팬덤을 모으기 시작했고, 그 결과 1983년 호그H.O.G, Harley Owners Group라는 팬클럽이 만들어졌다. 호그는 할리데이비슨을 소유한 바이크 라이더들의 모임으로 할리데이비슨이라는 브랜드를 사랑하는 든든한 후원자이자 열성적으로 지지하는 응원가들이다. 현재는 전 세계 7천여 개 지부에서 130만 명이 유료 멤버십으로 가입하여 활동하고 있다.

이들은 오토바이 타는 사람들에 대한 인식을 바꾸고, 보다 건강한 바이크 문화를 양성하는 문화 전도사 역할을 수행하고 있다. 할리데이비슨은 이러한 팬덤 문화를 만들기 위해 다양한 바이크 모델에 대한 정보를 제공하는 것은 물론이고 의류와 기념품 등 관련 상품을 지속적으로 만들어 냈다.

지금까지 팬덤 고객들은 기업 입장에서는 제품이나 서비스를 출시하면 즉시 구매하는 충성 고객 정도로만 고려되었다. 이는 브랜드 뒤에서 그 기업을 지지하고 응원하는 슈퍼 팬덤Super Fandom*이 존재하고 있다는 사실을 간과한 것이다.

• 슈퍼 팬덤을 정하는 정량적인 기준이 있는 것은 아니다. 일반적으로 팬덤이 글로벌로 확산되거나, 규모가 커졌을 때를 의미한다.

팬덤으로 방향을 튼 기업

팬덤을 제품 출시 이전부터 전략적으로 활용하는 기업도 있지만 제품 출시 이후 팬덤을 활용하여 사후에 마케팅을 전개하는 사례가 더 많은 것이 사실이다. 그렇다면 팬덤을 보다 적극적으로 설계하고 활용한 글로벌 기업의 사례는 어떤 것이 있을까? 슈퍼 팬덤을 달성한 글로벌 기업이 팬덤을 기반으로 어떻게 성장의 길을 걸어왔는지 살펴본다면 기업이 왜 팬덤에 주목해야 하는지 이해할 수 있을 것이다.

기업이 처음 팬덤에 눈을 뜨게 된 계기는 무엇이었을까? 1960년대 이후 기업들에게 중요한 영향을 미친 팬덤 사례가 바로 비틀즈다. 1962년 데뷔한 비틀즈는 전 세계적인 팬덤을 만들며 젊은이들에게 영감을 불어넣었을 뿐만 아니라 지금의 슈퍼 팬덤을 만들어 낸 기업들에도 지대한 영향을 미쳤다.

비틀즈와 슈퍼 팬덤

1964년 영국 밴드 비틀즈가 미국의 〈에드 설리번 쇼〉에 출연하면서 이른바 '브리티쉬 인베이전(영국의 침공)'이 시작되었다. 존 F. 케네디 대통령 암살 사건(1963) 이후 어둡고 우울한 시기를 보내던 미국 사회에 비틀즈의 음악은 미국 음반 시장에 흥분과 활기를 가져다주었는데, 비틀즈는 로큰롤 음악으로 신드롬을 만들어 내며 미국 음반 시장뿐만 아니라 문화까지 바꾸었다. 그 당시 미국 콘서트장은 백인과 흑인의 분리 좌석 정책이 당연했던 시대였지만 비틀즈의 강력한 주장으로 그들의 공연에서만큼은 관중석 인종 분리가 깨지게 된다.

'비틀매니아^{Beatlemania}'로 불리는 비틀즈 팬덤은 현대적 의미에서 팬덤의 시작이라고 볼 수 있다. 비틀즈는 로큰롤 음악을 필두로 기성세대 질서에 반대하며 평등, 평화, 인권, 환경보호 등의 가치와 사상을 대변했다. 비틀매니아는 팬아이콘인 비틀즈의 팬퍼포스^{Fan-Purpose}(팬아이콘이 이루고자 하는 목적, 가치)에 공감하며 지지와 응원을 보내고 추앙과 헌신을 거듭하는 슈퍼 팬덤이 되었다.

비틀즈는 상업적 성공뿐 아니라 팬덤 문화까지 뒤흔들었는데, 그 파급력은 미국의 기업 문화와 경영 방식을 바꿀 정도로 컸다. 비틀즈 시대 젊은이들은 대중문화 아티스트가 얼마만큼의 영향력으로 팬덤을 만들 수 있는지, 팬들이 아티스트를 어떤 위치까지 올릴 수 있는지, 그에 따라오는 매출과 마케팅 효과가 어느 정도인지 생생하게 목도하였다.

1960년대 이전만 하더라도 기업은 '만들면 팔린다'는 철학을 기반으로 좋은 상품을 제조하는 것에 기업의 목표와 활동을 집중했다. 당연히 팬덤을 고려하는 것에는 관심조차 없었다. 1960~70년대 비틀즈 팬덤을 통해 소비자의 영향력을 경험한 기업 리더들은 '판매 대상'에 집중하게 된다. 자신들의 기업 제품과 서비스를 좋아하는 대상이 누구인가에 주목하게 된 것이다.

팬을 모아야 성공할 수 있다는 생각은 기업 활동에 큰 변화를 가져온다. 기업 활동의 주인공이 생산자가 아닌 소비자로 바뀐 것이다. 기업은 넘쳐나는 제품과 서비스 가운데 자신의 기업이 어떻게 차별화되고 궁극적으로 소비자에게 어떤 혜택을 제공할지를 고민하기 시작하였다. 이때 소비자는 생산한 상품을 구매하는 기업 활동의 대상에서 능동적이고 역동적인 의미를 가진 주체로 인식된다.

우리는 아직까지도 팬과 소비자를 구별하기 어려워한다. 소비자와 팬은 어떻게 다른가? 고객은 팬이 될 수 있는가? 이는 기업이 팬덤을 경영하는 데 있어서 가장 먼저 이해해야 할 핵심 개념이 될 것이다.

고객은 팬이 될 수 있는가

고객을 팬으로 만들 수는 있지만 고객과 팬은 처음부터 가는 길이 다르다. 기업은 팬을 만들고 팬덤을 구축하기 위해 기업의 전략 자체를 팬덤 지향적으로 수립해야 한다. 팬은 기업의 제품과 서비스가 달성하고자 하는 퍼포스를 이해하고 공감하며 기업의 파트너가 되고 싶은 소비자층이다.

팬아이콘으로서 기업은 어떻게 목적 의식인 퍼포스를 정립하고, 이를 달성하기 위한 노력을 팬들에게 보여 줄 수 있을까? 물론 기업의 목표가 수익 창출임은 자명하다. 여기에서 나아가 기업의 제품과 서비스가 달성하려는 목표가 얼마나 그 시대를 반영하고 세상에 영향력을 나타낼 것인지가 팬의 마음을 움직이는 열쇠가 된다.

　1970년대에 팬이라는 말은 아직 경제와 기업 경영 분야에 등장하지 않았다. 당시 개념으로 보자면 팬은 고객을 분류할 때 등장하지 않는 단어였고, 주로 스토커나 광적인 팬처럼 부정적으로 인식되던 말이었다. 하지만 지금까지 살아남은 슈퍼 팬덤을 보유한 기업 대부분은 이 시기에 탄생했다. 이들은 팬덤에 관심을 가지면서 팬과의 소통에 집중했고 1980년대와 1990년대를 거치면서 팬덤을 경영의 근간으로 삼는 기업으로 자리 잡는다. 스포츠 용품 브랜드 나이키가 대표적인 팬덤 경영 기업이다.

나이키의 팬덤 경영 50년

　나이키의 첫 번째 성공은 나이키가 육상 선수 팬에 집중하면서부터이다. 1970년대 새롭게 불어닥친 조깅 붐 가운데 나이키가 조깅화를 출시하면서 러너^{Runner} 팬덤이 생겼다. 육상 선수와 코치로 만났던 창업자들이 달리기에 가장 좋은 운동화를 만들기 위해 연구와 개발에 집중한 결과였다.

저항을 줄이기 위해 와플 기계로 신발 밑창을 찍어 러닝화를 만든 이야기는 나이키가 얼마나 달리는 것에 진심이었는지 보여 주는 사례다. 1982년 방영된 나이키의 첫 번째 TV 광고는 달리기에 대한 그들의 진정성이 잘 드러난다. 인류의 달리기 역사를 영상으로 보여 주면서 나이키가 달리는 사람들을 위해 어떤 연구와 노력을 하고 있는지 설명한다. 기업 스스로 어떠한 퍼포스를 추구하고 있으며, 이를 달성하기 위해서 무엇을 하고 있는지 세상에 보여 주는 것이 팬덤의 시작이라는 것을 나이키는 알고 있었다.

재미있게도 1987년 나이키는 그들의 첫 TV 광고를 만들면서 비틀즈의 노래 〈레볼루션Revolution〉을 삽입했는데, 이는 광고에 비틀즈의 음악이 들어간 첫 사례였다. 뒤이어 나이키는 두 번째 성공 신화를 만들어 낸다. 1988년, 마이클 조던과의 협업을 통해 '에어 조던'이 탄생했고 이를 시작으로 나이키는 각각의 스타 스포츠맨에 특화된 슈즈를 만들어 냈다. 마이클 조던에 대한 팬덤과 함께 나이키 팬덤은 급부상하였고, 전 세계적인 농구 붐과 함께 나이키의 위상도 올라갔다. 나이키는 농구, 골프, 테니스, 축구 등 다양한 분야에서 스포츠맨 팬덤을 겨냥한 광고를 이어 갔다.

그다음에는 나이키 스포츠 슈즈 자체가 팬아이콘이 되었다. 사람들은 나이키의 다음 모델을 기대하고 새롭게 출시되는 모델마다 열성적으로 지지하고 응원을 이어 나갔다. 나이키는 21세기 들어서 세 번째 성공 시기를 맞이하게 된다. 나이키 신발은 '리셀링Re-selling(재판매)' 문화를 만들어 냈고, 리셀링 가격은 100배까지 치솟아 올라 '슈테크(슈즈+재테크)'라는 말이 생겨날 정도였다.

나이키에는 '드롭Drop' 문화가 있는데 이는 매장에 제품을 떨군다drop는 의미이다. 한정판 특정 모델 출시일에 맞춰 나이키 매장에는 이른 시간부터 고객들이 줄을 늘어섰다. 드롭 문화는 '드로우Draw' 문화로 발전한다. 드롭이 직접 줄을 서는 방식이라면, 드로우는 추첨을 통해 제품을 살 수 있는 기회를 얻는 방식으로 '레플 마케팅Raffle Marketing(추첨 마케팅)'이라고도 불린다. 나이키는 발 빠르고 현명하게 리셀링 문화를 자사 온라인 스토어에 접목시켰다. 나이키는 '더드로우The Draw'라는 온라인 추첨 시스템을 통해 당첨된 사람들에게 나이키 온라인 스토어나 오프라인 매장에서 특정 론칭 상품을 구매할 수 있는 기회를 준다. 팬들은 아직 출시되지 않은 제품이 어떤 신발이고 특장점이 무엇인지에 대한 정보를 가지고 입찰을 진행한다.

여기에는 슈테크와 같은 투자의 성격도 있지만 애초에 강력한 팬덤 없이는 불가능한 판매 방식이다.

러너를 위한 신발에서 시작된 나이키라는 브랜드가 소비되는 맥락은 스포츠 분야를 넘어 TV와 영화 매체, 스트리트 패션 등으로 퍼져 나가고 있다. 팬들은 나이키가 어떤 회사이고 어떤 철학으로 스포츠 슈즈를 만드는지 궁금해 한다. 고객이 아니라 팬덤이 모인 것이다. 이제 나이키는 디자인 회사이자 라이프 스타일 회사로 거듭난 것이다.

고객은 팬이 될 수 있다. 그러나 고객이 팬이 되는 과정은 절대로 간단하지 않고, 단시간에 만들어지지도 않는다.

충성 고객과 팬덤의 차이

충성 고객과 팬덤은 다르다. 물론 팬덤이 충성적으로 구매하는 고객인 것은 사실이다. 하지만 판매 대상이자 구매자로서 팬덤을 바라보면 정작 중요한 것을 놓치게 된다. 충성 고객과 팬덤은 구매라는 행동의 원인이 다르기 때문이다. 충성 고객은 상품이 주는 기대 효과와 가격을 비교하는 구매 의사 결정 프로세스에 따라 상품을 구매한다.

다시 말해, 지불 비용 대비 효용이 큰 상품을 구매하는 경향성을 가지고 있다. 이들은 이러한 구매 의사 결정이 지속적인 가치를 제공하고 있다고 판단하기 때문에 계속 구매를 이어 나간다.

반면 팬덤은 합리적인 구매 의사 결정 프로세스를 따르지 않는다. 팬덤이 집중하는 것은 상품의 가치가 아니라 상품을 제공하는 팬아이콘의 가치이다. 팬들은 상품의 가격과 그에 따른 제공 가치를 비교하는 것 이외에 팬아이콘이 갖게 될 이익까지 고려하여 의사 결정을 한다. 팬의 구매는 충성적이지만 이 충성은 팬아이콘에 대한 충성이다. 팬덤의 구매는 곧 팬아이콘에 대한 응원과 지지이다. 그렇다면 이런 질문이 따라올 것이다.

충성 고객은 팬이 될 수 있을까?

물론 가능하다. 하지만 기존의 마케팅 방법만으로는 충성 고객을 팬덤으로 만들기는 어렵다. 충성 고객은 이미 기업의 상품과 서비스를 합리적으로 구매하기 위한 정보를 충분히 가지고 있다. 충성 고객이 팬덤과 다른 점은 팬아이콘이 추구하는 가치에 공감하는 마음이 부족하다는 것이다. 바꾸어 말하면, 충성 고객이 팬아이콘의 가치에 좀 더 공감하게 되면 팬덤으로 바뀔 수 있다는 것을 의미한다.

충성 고객을 팬덤으로 바꾸기 위해서는 기존의 마케팅 방법과는 다른 방식의 소통이 필요하다. 어쩌면 더 많은 마케팅 비용을 필요로 할 수 있다. 기존 마케팅에서 충성 고객과의 소통은 상품 기획이나 전략 부서가 아닌 마케팅 커뮤니케이션 부서 또는 판매 및 고객 관리 부서에서 진행한다. 기업은 이미 생산된 제품을 어떻게 하면 더 잘 판매할 것인지에 몰두하고, 빈번하게 상품을 구매하는 충성 고객은 핵심 관리 고객이며 이들을 위한 별도의 마케팅 프로모션을 집행한다.

그러나 팬들은 그저 소비자의 지위에 머무르는 것을 원하지 않는다. 이들은 마케팅 타깃으로서가 아니라 팬아이콘인 기업이나 상품에 긍정적 영향을 미칠 수 있는 파트너이길 원한다. 팬이 궁극적으로 원하는 것은 팬아이콘의 성공이다. 그렇다면 팬들이 어떻게 팬아이콘의 가치에 공감하게 만들 수 있을까?

팬덤의 출발점을 관리하라

팬덤을 기업 경영 활동에 적용하는 출발점은 기업이 추구하는 퍼포스를 드러내는 것이다. 자신의 비전과 목표 그리고 팬들과 함께 무엇을 이룰 것인지 명확히 천명해야 한다. 물론 대부분 기업은 이루고자 하는 퍼포스를 가지고 있다. 문제는 제품이나 서비스의 목표를 수립할 때 팬들을 고려하지 않는다는 것이다.

스타벅스는 커피 그리고 커피를 마시는 행위에 진심이라는 기업의 진정성을 갖고 있으며, '스타벅스를 세계 최고의 커피를 공급하는 회사로 만든다'라는 퍼포스를 가지고 있다. 스타벅스는 이 목표를 달성하기 위해 제품과 서비스의 모든 세부 사항을 이 나침반이 가리키는 지향점으로 맞춘다. 매장 인테리어와 커피 머신 위치, 유니폼, 고객을 부르는 방식, 커피 원두 등을 통해 커피에 대한 진심을 보여 준다. 이 모든 것이 이해될 때 팬들은 기업의 진정성을 받아들이고 팬심을 발동하게 된다.

스타벅스와 팬퍼포스

스타벅스의 e-프리퀀시(쿠폰 도장) 프로모션은 스타벅스를 좋아해서 빈번하게 매장을 방문하는 고객을 대상으로 하되, 경제적인 혜택을 제공하는 것이 아니라 스타벅스를 체험하고 스타벅스만의 문화를 만드는 데 집중한다.

예를 들어 서머 프리퀀시 이벤트에서는 '커피＝스타벅스＝여름＝여행'의 공식을 두고 스타벅스 여름 음료를 마시면 여행 관련 상품을 리워드로 제공한다. 커피를 마시는 행위에 진심을 다하는 스타벅스 기업의 퍼포스가 단단하게 자리 잡고 있기에 여름과 여행이라는 콘셉트로 확장이 가능한 것이다. 스타벅스 팬덤은 이 작은 이벤트를 위해 서머 프로모션 음료를 포함해 17잔이나 되는 스타벅스 음료를 마시고 리워드를 수령한다.

소비자 중심의 마케팅을 전개하고자 하는 기업은 팬퍼포스를 정립하고 고객에게 제공할 가치를 팬들에게 드러낼 필요가 있다. 팬덤 기업 경영의 첫 번째 단계는 팬들이 공감하고 열광하게 될 팬퍼포스를 수립하는 것이다. 이는 팬덤을 염두에 두고 기업이 지향하는 목표를 재수립하는 것을 의미한다 '난 최고의 커피 회사가 될 거야'라는 기업 목표에서, '난 최고의 커피를 나의 팬들에게 제공하는 회사가 될 거야'라는 새로운 목표를 세우는 것이다. 이는 팬덤 마케팅의 출발점이 된다.

팬덤 마케팅과 브랜드 마케팅

팬덤 마케팅은 기존의 마케팅과 어떻게 다를까. 이를 이해하기 위해 기존의 마케팅의 개념을 이해할 필요가 있다.

조직이나 개인이 자신의 목적을 달성시키는 교환을 창출하고 유지할 수 있도록 **시장**을 정의하고 관리하는 과정[*]

여기에서 핵심은 시장이다. 마케팅은 상품을 매개로 기업이 시장과 소통하는 모든 과정을 의미한다. 전통적 의미의 마케팅에서 시장은 수동적이다. 하지만 시장은 기업의 의도대로 따라오지 않는다. 이러한 맥락에서 브랜드 마케팅이 탄생한다. 브랜드 마케팅은 시장이 조금은 더 능동적이라는 측면에서 브랜딩을 매개로 전개하는 마케팅 기법이다. 브랜드 마케팅에서는 상품보다 상위 개념인 브랜드를 만들고, 소비자들이 그 브랜드를 인지하고 기억하도록 성격과 감성을 부여한다.

20세기 말과 21세기 초, 브랜드 아이덴티티, 브랜드 퍼

---

[*] 마케팅정의제정위원회, "한국 마케팅학회의 마케팅 정의", 〈마케팅연구〉 17-2, 한국마케팅학회, 2002.6, 5~6쪽.

스널리티 등 브랜드 자산에 대한 연구와 각종 마케팅 사례가 쏟아져 나왔다. 21세기를 넘어선 현재에는 넘쳐나는 브랜드 경쟁 속에 새로운 돌파구가 필요한 형국이다. '상품이 넘쳐나던 시장'에서 '브랜드가 넘쳐나는 시장'으로 바뀌었을 뿐, 소비자는 브랜드 홍수 속에 소비를 결정할 수 있는 근거를 찾는 데 어려움을 겪고 있다. 온라인 시장의 확장은 이러한 혼란을 가속화시켰다. 광고와 홍보에 의존하여 브랜드를 강화시키던 시대를 넘어, 현재의 마케팅은 온라인에서 브랜드를 노출하고 클릭을 유도해 실질적인 매출과 연계를 도모하는 '퍼포먼스 마케팅' 시대로 진입했다.

이러한 마케팅 프레임에 팬덤이라는 소비자 요인을 집어넣는다면 게임은 완전히 달라진다. 팬덤 마케팅은 수동적인 시장을 리딩하는 전통적 마케팅, 불확실한 시장 상황에서 소비자의 선택을 이끌어 내는 브랜드 마케팅, 성과측정이 가능한 마케팅으로 고객의 선택을 유도하는 퍼포먼스 마케팅과는 전혀 다른 마케팅이다. 팬덤 마케팅은 말그대로 팬덤을 시장에 적용하는 마케팅이라고 할 수 있다. 이런 측면에서 팬덤 마케팅을 다음과 같이 새롭게 정의할 수 있다.

조직이나 개인이 자신의 목적을 **이해하고 공감하는 팬을 발굴하여** 교환을 창출하고 유지할 수 있도록 **팬덤 시장을 정의하고** 관리하는 과정.

팬덤 마케팅이 전통적 의미의 마케팅이나 브랜드 마케팅과 다른 점은 소비자 선택을 받기 위해 브랜드나 제품을 관리하는 것이 아니라, 기업이 추구하는 퍼포스에 공감하는 팬을 먼저 만들고 팬덤과 교류하면서 그들과의 파트너십으로 시장을 확대한다는 것이다.

팬덤 마케팅은 팬아이콘의 유일무이성에서 출발한다. 다른 것과 구별되는 존재 자체가 바로 팬덤을 모으는 가능성이 된다. 대안들 중에서 구매를 선택하는 소비자가 아니라, 퍼포스를 이해하기 때문에 구매를 선택하는 팬덤을 기반으로 하는 마케팅인 것이다. 팬덤을 접목한 마케팅은 어떻게 수행할 수 있을까? 우선 팬덤을 지향하는 새로운 마케팅 패러다임을 살펴보고 어떻게 시장을 열어 나가고 관리할지 살펴보자.

팬덤 마케팅 패러다임

팬아이콘은 팬덤을 육성하고 팬은 다시 팬아이콘을 육성하는 상호 육성을 통해 팬과 팬아이콘은 공생하고 발전한다. 이러한 팬과 팬아이콘 관계를 마케팅 관점에서 '팬덤 마케팅 패러다임'이라고 이름 붙이고자 한다.

여기서 간과하기 쉬운 것은 팬덤 마케팅의 타깃이 일반 고객이 아닌 팬이라는 점이다. 새로운 팬덤 마케팅 패러다임을 정립하기 위해서는 팬을 중심에 두고 새 그림을 그려야 한다. 팬덤 마케팅의 정의를 '조직이나 개인이 자신의 목적을 이해하고 공감하는 팬을 발굴하여 교환을 창출하고 유지할 수 있도록 팬덤 시장을 정의하고 관리하는 과정'이라 할 때, 기존의 마케팅 개념과 달라진 점은 '목적을 이해하고 공감하는 팬을 발굴하여'라는 대목이다. 여기에서 '발굴'은 마케팅 패러다임을 바꾸는 중요한 단서가 된다. 앞서 언급한 '팬덤의 출발점을 관리한다'라는 말 역시 팬을 발굴한다는 것과 동일한 맥락이다.

팬덤 마케팅 패러다임의 핵심은 '팬덤은 육성된다는 것'이다. 팬덤은 시장을 읽고, 고객을 세분화하고, 세분화된 타깃에 집중적인 마케팅 노력을 쏟아붓는다고 해서 만들어지지 않는다. 처음부터 팬아이콘의 퍼포스에 공감하는 팬을 찾아 그들과의 적극적인 소통을 통해 팬덤으로 키워야 한다.

일반 소비자와 팬들은 교환하고자 하는 가치가 다르다. 소비자가 가격과 제품의 효용을 비교한다면, 팬덤은 팬아이콘의 가치에 공감하며 팬덤 스스로 교환 가치를 창출하는 주체가 된다. 팬을 시장의 한 부분이라고 생각하면 팬덤이 갖는 긍정적 가치를 잃어버리게 된다.

상품 기획에는 두 가지 단계가 있다. 하나는 순수하게 상품을 기획하는 것으로, 시장을 분석하여 타깃을 선정하고 그에 맞는 제품의 기능과 성능을 결정하면서 제품의 원가와 판매가를 고려하여 제품 스펙과 원가를 정하는 '제품 기획Product Planning'이다. 다른 한 가지는 그 제품을 시장에 어떻게 출시하고 매출과 손익을 관리할지 정하는 '출시 기획Launching Planning'이다. 전자는 상품의 스펙을 결정하고, 후자는 론칭 이후의 판매 전략을 결정한다. 이는 소비자를 대상으로 어떤 제품을 만들고 어떤 소비자가 구매할지 결정하는 일반적인 마케팅 프로세스다.

팬덤 마케팅 관점에서 봤을 때, 2010년 갤럭시S와 갤럭시A 시리즈 기획 당시 이 휴대폰에 열광하는 팬덤을 어떻게 만들지에 대한 고민과 개념은 없었다. 물론 최근 삼성 전자에서도 팬덤을 중요하게 다루며 별도의 팬덤 전략을 고민하기 시작했지만 적어도 과거에는 팬덤에 대한 고민이 부족했던 것이 사실이다. 그러나 경쟁사였던 애플 아이폰의 사정은 좀 달랐다.

팬이 주인공이 되는 애플 아이폰

· 스티브 잡스의 연설과 함께 탄생한 아이폰은 처음부터 팬을 겨냥한다. 아이팟, 휴대폰, 인터넷 통신 기기, 세 가지를 통합해 재창조한 제품의 출발은 애플의 새로운 선언이었고 전 세계 팬들을 단숨에 모으는 팬덤의 출발이었다.

아이폰을 출시하기 위해 애플은 엄청나게 시장 조사를 하고 타깃을 분석하고, 제품의 콘셉트를 만들어 내고^{Product Planning}, 제품을 시장에 어떻게 출시할 것인지^{Launching Planning}와 같은 전통적 개념의 마케팅 프로세스를 수행했을 것이다. 그렇지만 애플의 마케팅에는 전통적 개념의 마케팅과 차별점이 있다. 자신들의 퍼포스를 명확히 천명하고 이를 달성하기 위해 노력하는 진정성을 드러내면서 전 세계의 팬덤을 모으기 시작했다는 점이다.

대표적인 예가 애플의 광고이다. 2007년 첫 광고부터 이어지는 아이폰 초기 광고는 기능들을 하나씩 보여 준다. 첫 광고는 손에 들려 있는 아이폰 화면을 터치하며 기능을 하나씩 시연해 주는 영상이었고, 이어지는 후속 광고에서도 역시 새로운 기능을 연달아 보여 준다. 아이폰 초기 광고의 특징은 아이폰으로 실제 할 수 있는 생활에 집중하며 아이폰이 만드는 리얼 월드의 변화를 보여 준다는 점에 있다.

2010년도 아이폰 4s로 넘어가면서 아이폰에 새롭게 추가된 기능과 그것을 활용하는 사람들의 즐겁고 행복한 표정을 영상에서 보여 준다. 애플의 팬이 주인공이 되는 광고인 것이다. 아이폰 소비자는 아이폰을 통한 생활의 변화를 기대하고 공감하며 팬덤을 만들어 나간다. 아이폰 신제품 출시일에 애플 스토어 매장 앞에는 팬덤의 행렬이 이어진다. 스티브 잡스가 세상을 떠난 2011년 이후 애플에 많은 변화가 있었지만 아이폰이 초기부터 지금까지 팬덤 마케팅을 이어 오고 있다는 점에는 큰 이견이 없을 것이다.

같은 시기 삼성전자 갤럭시 광고를 살펴보면 애플과의 차이점이 명확하다. 갤럭시 초기 광고는 갤럭시 스마트폰의 강력한 브랜드 이미지를 만들기 위해 실제 화면보다 다소 과장된 시각적 효과에 집중한다. 갤럭시의 첨단성과 혁신성을 드러내며 '이게 바로 갤럭시라는 브랜드야!'를 강조했다.

애플은 광고에서뿐만 아니라 컨퍼런스 등을 통해서도 팬들의 참여를 중요한 목표로 삼는다. WWDC(연례 세계 개발자 회의) 같은 대규모 컨퍼런스를 열고 애플과 관련된 개발자와 사용자가 애플 아이폰 월드에 공감하고 참여할 수 있도록 유도한다. 애플에게 아이폰 소비자는 애플이 추구하는 혁신성을 완성시키는 구성 요소이자 파트너다. 판매의 대상이 되는 고객이자 동시에 애플 아이폰이 만드는 세상의 주인공인 것이다.

팬덤 마케팅 관련 책이나 주장 등에서는 주로 팬덤을 활용해 브랜드 마케팅을 어떻게 전개할 것인지 이야기한다. 브랜드 마케팅 맥락에서 팬덤 마케팅이 생겨난 것임은 틀림없지만, 이러한 접근은 팬덤에 대한 올바른 이해를 제공하고 있지 못하다.

브랜드 마케팅과 팬덤 마케팅은 팬아이콘이 되는 브랜드를 중심으로 마케팅을 전개하고, 브랜드에 성격과 가치를 부여하며, 브랜드를 중심으로 소통한다는 점에서 일부 같은 방향성을 갖는다. 하지만 브랜드와 소비자의 관계라는 측면에서 본다면 브랜드 마케팅과 팬덤 마케팅은 현격한 차이를 갖는다. 그 핵심에는 팬 지향성이 있다.

리바이스와 애플의 팬 지향성 차이

리바이스는 1853년 만들어진 청바지의 역사와도 같은 브랜드로 무려 170년이 넘는 브랜드 헤리티지를 가지고 있다. 리바이스는 브랜드 마케팅의 대명사이긴 하지만 오랜 역사와 명성에 비해 강력한 팬덤은 형성되지 못했다. 물론 팬덤이 있긴 하다. 501 모델 팬덤이 만들어지기도 했고 복각이라고 불리는 리바이스의 과거 제품을 현대적으로 재현하는 노력은 리바이스 팬덤의 영향력이라고 볼 수 있다. 그러나 리바이스를 나이키와 같은 팬아이콘으로 인식하는 경우는 드물다.

이는 리바이스가 팬덤보다는 브랜드 마케팅에 좀 더 총력을 기울인 결과다. 리바이스는 계절별 광고 전략을 통해 브랜드 자산을 오랫동안 축적해 왔다. 덕분에 레드탭과 기러기 모양의 뒷주머니 로고, 구리 리벳rivet 특허로 대표되는 브랜드 파워를 가지고 있다. 하지만 이러한 역사적 유산은 오히려 팬들이 공감하고 참여할 수 있는 공간을 제한했다. 리바이스가 달성하려 하는 사명감, 즉 퍼포스가 팬들에게는 보이지 않는 것이다. 팬들이 리바이스를 지지하고 응원하려 애를 써도 무엇을 어떻게 팬심으로 응원하고 지지할지 파악하기 어렵다.

출시된 지 20년이 되지 않았지만 강력한 팬덤을 달성한 브랜드 애플 아이폰과 팬덤의 큰 지원 없이 브랜드 파워로 170년 이상 성장을 이어가고 있는 리바이스에는 어떤 차이점이 있을까? 바로 '팬 지향성'이다. 아이폰이 좀 더 팬의 가치에 주목하며 팬들을 혁신의 주체로 참여하도록 심리적 여지를 만들어 주는 반면, 리바이스는 제품과 브랜드에 대한 자신감을 바탕으로 전통적 마케팅 관점에서 일방향 커뮤니케이션을 지향했다.

질 좋은 제품, 전 세계에 그물망처럼 퍼져 있는 매장, 시즌별로 인상적인 광고를 제공하며 브랜드 마케팅이 도달할 수 있는 정점을 보여 준 리바이스에게 팬들을 위한 공간은 고려 대상이 아니었을지도 모르겠다.

그러나 분명한 것은 지금의 리바이스도 팬덤의 영향력에 귀를 기울이려는 노력을 시작하고 있다는 것이다. 최근의 리바이스 또한 다시 팬덤의 영향력에 귀 기울이고, 팬 지향성이 필요하다는 인식을 갖게 된 것이다.

팬덤의 역할 : 팬 파트너십

팬덤 마케팅에서 팬의 역할은 무엇일까? 기업이 생산하는 제품이나 서비스는 소비자를 목표로 둘 수밖에 없다. 구매하는 사람이 있어야 판매가 가능하기 때문이다. 기업은 시장을 공부하고 시장에서 소비자의 니즈^{Needs}를 파악하는 것에 주목한다. 'WANT'라는 영어 단어는 '원하다'는 동사이면서 동시에 '부족, 결핍'이라는 명사이기도 하다. 원한다는 것은 결핍과 연결돼 있다.

물론 팬덤 마케팅 역시 시장에서 결핍을 찾아내는 것이 중요하다. 문제는 이렇게 발견한 타깃 시장에 어떻게 침투할 것인가이다. 팬덤 마케팅에서는 시장의 결핍에 대한 대안이나 해결 방법을 제시하기보다는 팬아이콘으로서의 유일무이한 가치를 만들어 내는 것에 집중한다.

룰루레몬의 팬퍼포스 'Sweat Life' 발굴과 확산

요가복으로 유명한 스포츠웨어 브랜드 룰루레몬은 처음 요가를 즐기는 여성이라는 페르소나를 설정하고, 매장에 요가 스튜디오를 차려 요가하는 여성의 하루를 분석하였다. 그 결과 땀 흡수가 잘되면서 얇고 가벼우며, 신축성이 높으면서 비침 없는 의류 소재 루온Luon을 찾아내고 옷감끼리의 연결이 운동에 방해가 되지 않는 플랫심Flat Seam을 적용해 요가복을 개발했다. 그리고 '스웻라이프Sweat Life(땀 흘리는 삶)'라는 룰루레몬의 퍼포스를 만들었다.

룰루레몬의 목표는 단지 제품을 판매하는 매장을 늘리는 것이 아니라 땀 흘리며 관계를 맺을 수 있는 공간인 '커뮤니티 스웨트 허브'를 늘리는 것이다. 매장에는 직원이 아니라 에듀케이터Educator를 둔다. 에듀케이터들은 고객에게 맞는 제품을 추천하고 운동 정보를 공유하며 스웻라이프를 전파한다. 고객의 의견을 청취해 제품 개선과 개발에 반영하기도 한다.

룰루레몬의 가장 혁신적인 팬덤 마케팅 방법은 소비자를 타깃으로 보는 것이 아니라 팬이자 파트너로 보는 것이다. 룰루레몬에서는 광고라는 마케팅 툴을 공격적으로 이용하지 않는다. 그 대안으로 요가 수업 이벤트를 열거나 요가 커뮤니티를 만드는 것에 집중한다. 그 결과, 룰루레몬은 코로나19 팬데믹 속에서도 전 세계로 시장을 확장했다. 다양한 제품과 매장, 온라인 연결을 통해 글로벌하게 팬덤을 넓혀 가면서도 그 가치와 세계관은 오히려 탄탄하게 구축하고 있다.

룰루레몬의 사례에서도 알 수 있듯이 전통적인 마케팅과 팬덤 마케팅 패러다임의 차이에는 팬 지향성이 존재한다. 팬 지향성이란 팬과 어떤 소통을 할 것인지에 대한 고민인 동시에, 기업 마케팅 활동에서 팬을 어떤 위치로 상정하여 사업을 전개할 것인가에 대한 논의이기도 하다. 팬덤 마케팅에서 가장 중요한 것은 팬이 사업적 동반자라는 사실을 인식하는 것이다.

흥미로운 시장 실험을 상상해 보자. 100명 규모의 시장이 실험적으로 주어졌을 때, 전통적인 마케팅 패러다임에서는 30%의 인구 특성에 맞는 시장을 목표로 한다고 가정해 보자. 비슷한 특징을 가진 30명 시장을 추출하고 분석하여 그들에게 맞는 제품 또는 서비스를 만들어 출시한다.

다시 경쟁 상황에서 30% 시장 점유를 고려한다고 했을 때 브랜드 마케팅을 통해 약 10명에게 해당 브랜드 상품을 판매할 수 있다.

이것은 전통적인 브랜드 마케팅 상황에서 취할 수 있는 최대 매출 손익의 인구라고 할 수 있는데 그것도 매우 긍정적인 효과를 가져왔을 때 가능한 결과다. 물론 이러한 시장 점유 목표에 도달하기 위해서는 상당한 금액의 광고 비용을 지불해야 한다. 마케팅 비용은 손익에서 차감될 수밖에 없다.

이 실험을 팬덤 마케팅 패러다임으로 본다면, 100명의 시장 중에서 기업이 목표하는 퍼포스를 이해하는 단 1명의 팬을 만드는 것에서 팬덤 마케팅은 출발한다. 그리고 그 팬과 함께 시장을 넓혀 가는 팬덤 마케팅 상품 개발, 팬참여 활동 등을 통해 2명의 팬덤, 10명의 팬덤으로 확장해 가는 것이 팬덤 마케팅 활동이다. 이때 팬은 기업의 퍼포스에 동참하는 사업 파트너가 된다.

여기에서도 물론 커뮤니티를 만들고 팬덤과 소통하는 이벤트와 비용은 들겠지만 전통적 브랜드 마케팅 방법에서 필요로 하는 정도의 비용은 아닐 것이다. 두 가지 마케팅 방법 가운데 기업이 어떤 것을 선택할 것인지는 각 기업이 처한 환경과 목표에 따라 다르겠지만 팬덤의 영향력을 고려하는 것이 오히려 장기적이며 지속적일 수 있다.

팬덤 마케팅 패러다임으로의 변화는 리바이스처럼 강력하게 브랜드 마케팅을 추진해 온 기업에게는 새로운 도전이 될 수도 있다. 충성 고객을 팬으로 바꾸는 것이 가능하지만 어려운 이유이기도 하다. 브랜딩을 해 왔던 기업이 팬덤으로 전환을 어려워하는 이유는 강력한 브랜드를 구축해 온 기업일수록 브랜드에 팬덤을 개입시킬 수 있는 공간이 부족하기 때문이다. 팬을 공략해야 할 타깃에서, 함께 브랜드를 만들어 갈 파트너로 새롭게 인식한다는 것은 브랜딩에 있어서 균형을 무너뜨리는 트레이드 오프Trade-off를 만들어 낼 수도 있다.

그럼에도 불구하고 충성 고객을 팬으로 만드는 작업은 매우 의미 있는 기업 활동이다. 중장기적인 팬덤 고객과의 관계를 만들어 가는 것은 작고 단단한 팬-팬아이콘 관계를 형성하고 세분화된 타깃을 넘어 훨씬 더 큰 팬덤으로 시장을 확장할 수 있는 기회를 마련할 수 있다.

무엇보다 기업이 팬덤에 관심을 갖게 된 것은 팬에 대한 중요성을 인식하는 것뿐만 아니라 그들의 가치를 인정하게 되었다는 점에서 의미 있다. 소비자를 판매 대상이라는 틀에 가두지 않고, 참여와 협력의 대상으로 보게 된 것이다. 그리고 이러한 기업 경영의 변화는 새로운 성공 사례들을 만들어 낸다.

팬덤의 종류

기업 팬덤

　기업이 팬들과 소통하고 팬덤을 확보하는 것은 이제 가장 중요한 기업 활동이자 마케팅 활동이 되었다. 좋은 상품을 만들고 고객에게 마케팅 비용을 지불하는 전통적인 마케팅 패러다임으로는 만족할 만한 매출 성과를 낼 수가 없다. 기업이 지향하는 목표를 얼마나 많은 사람들이 팬으로서 응원하고 지지하는 것인지가 향후 기업의 성패를 가늠한다.

　마케팅에 기업 자체의 팬덤을 활용한다는 것은 제품이나 서비스 상품보다 기업 자체를 마케팅한다는 것을 의미한다. 기업 팬덤은 그 기업이 지향하는 바와 이상에 대해 공감대를 형성하면서 기업이 생산하는 제품이나 서비스 상품에 대한 팬덤으로 이어진다.

오뚜기 팬덤과 '갓뚜기'

국내 대표적인 기업 팬덤으로 오뚜기를 꼽을 수 있다. 2010년 오뚜기는 경영 철학이 언론과 SNS에 회자되면서 기업에 대한 팬덤이 시작되었다. 그 결과 대표 제품인 진라면의 판매량이 급증해 오뚜기는 라면 시장 점유율 만년 3위에서 2위로 올라선다. 이러한 배경에는 오너 일가의 도덕 경영이 있었다. 함영준 오뚜기 신임 회장이 선대 회장의 상속세 완납을 약속하면서 착한 기업 이미지가 만들어졌다. 또한 팬들 스스로 오뚜기를 연구하고 분석해 오뚜기가 과거에 배고픈 국민들의 식생활을 책임지고, 값싸고 영양가 높은 식품 문화를 창출하기 위해 노력해 왔다는 기업의 진정성을 찾아냈고 '착한 기업' '갓뚜기'라는 브랜드 이미지를 부여한 것이다.

2021년 8월, 오뚜기가 인플레이션의 영향으로 라면값을 최대 12.6% 인상한다고 발표하자 한국소비자단체협의회가 이를 비판한 적 있다. 그러나 오뚜기 팬들은 "13년 만의 가격 인상은 불가피하다" "오죽했으면 오뚜기 같은 착한 기업이 가격 인상을 단행하겠는가"라면서 기업을 옹호했다. 오뚜기 또한 발 빠르게 팬덤 마케팅을 시행했다. SNS를 통해 매우 시의적절하게 고객들에게 신제품을 어필했고, 제품 뒷이야기 등의 스토리는 팬들을 불러 모으는 역할을 했다.

오뚜기 기업 팬덤의 출발은 자생적이며, 기업의 팬덤이 제품에 대한 선호도나 직접적인 매출에까지 영향을 미친 사례이다. 팬덤은 기업의 제품과 서비스를 구매하는 단순 소비자를 넘어 기업을 보호하고 성장시키는 파트너 역할을 수행한다. 오뚜기 팬들은 오뚜기를 '갓뚜기'로 만들었고, 오뚜기 역시 제품과 서비스 및 기업 경영 전반의 선행을 통해 긍정적 영향력을 되돌려 주는 착한 기업으로써의 역할을 수행하고 있다.

제품 팬덤

팬덤에게 제품의 구매는 가치관과 매우 밀접한 관계가 있다. 제품을 구매하는 것 자체가 제품의 가치관에 공감한다는 의미를 갖는다. 제품 구매가 팬덤 행동의 결과인 것이다. 다만 많이 구매한다고 해서 모두가 팬심을 갖고 있는 것은 아니다. 앞서 설명했듯 충성 고객과 팬덤은 다르다. 제품 팬덤은 제품이 추구하는 가치관에 공감하면서 타인에게 제품을 소개하고 전파하고자 한다.

파타고니아의 사회적 책임

1973년 설립된 파타고니아는 대표적인 ESG(환경·사회·지배구조의 영문 첫 글자를 조합한 단어로 기업 경영에서 지속가능성을 달성하는 데 필요한 3가지 핵심 요소) 기업이자, 경영자의 철학이 매우 강한 기업이다. 설립자 이본 쉬나드는 아웃도어 상품을 만드는 사업을 하면서 발견한 인사이트와 환경에 대한 무한한 책임감으로 파타고니아의 혁신을 이끈 인물로 유명하다.

2022년 이본 쉬나드는 자신과 가족 구성원들이 보유한 4조 원 상당의 지분 전부를 환경 보호를 위해 설립된 비영리단체에 양도했다. 이본 쉬나드는 "파타고니아는 공개 기업Going Public이 아닌 목적 기업Going Purpose"이라며 "파타고니아의 유일한 주주는 지구"라고 선언했다. 파타고니아의 슬로건은 '지구는 목적, 기업은 수단'이다.

파타고니아의 팬덤은 오뚜기와는 조금 다르다. 파타고니아 팬덤은 파타고니아에서 생산하는 제품의 팬덤으로 시작하여, 파타고니아가 사회적 책임을 갖는 기업으로 발전하는 과정에서 팬덤 또한 기업 팬덤으로 발전하게 된 사례이다. 파타고니아는 리사이클 원단을 사용하고 유행을 타지 않도록 디자인 변화를 최소화해 오래 입을 수 있는 제품을 만드는 것이 기업의 철학이자 제품의 특징이다. 소비자들이 파타고니아를 구매한다는 것은 파타고니아가 추구하는 가치에 공감한다는 것을 의미한다.

2011년 미국 블랙프라이데이 때 파타고니아는 "Don't Buy This Jacket"이라는 다소 파격적인 광고를 선보였다. 환경을 보존하기 위해 새 옷이 필요한 사람만 옷을 구매해서 입으라는 의미였다(하지만 이 광고 캠페인으로 그해 매출은 3배 이상 올랐다는 후문이 있다). 파타고니아는 동일한 디자인을 지속적으로 판매하고 낡은 옷을 수선해서 입도록 한다.

사실 파타고니아 의류는 다른 유사 제품보다 비싸고 디자인도 투박하다. 그러나 팬들은 파타고니아를 입으면서 환경을 고려하는 가치관을 드러내는 것을 자랑스럽게 여긴다. 파타고니아는 의류 제품과 더불어 가치관을 함께 팔고, 파타고니아 팬덤은 파타고니아의 가치관을 반영한 제품에 열광한다.

서비스 팬덤

실물 상품만 팬덤을 만드는 것은 아니다. 팬덤은 제품이 아닌 서비스에도 생겨날 수 있다. 2010년대 IT 스타트업들은 다양한 분야에서 새로운 형태의 서비스를 창업해 거대한 기업으로 발전시켜 왔다. 그중 기존에는 전단지를 통해 얻을 수 있었던 주변 음식점 정보를 모바일 앱 형태의 배달 서비스로 발전시킨 배달의민족이 있다.

배달의민족 팬클럽 '배짱이'

2010년 출시된 앱 서비스 배달의민족(이하 배민)을 운영하는 우아한형제들은 국내 배달앱 시장 점유율 60%의 압도적 우위를 가지고 있는 기업인 동시에 서비스 팬덤을 달성한 기업으로 유명하다. 이들의 성공에는 창의적 사업 모델도 큰 역할을 했지만 사업 초기 "우리가 어떤 민족입니까"라는 광고 카피를 필두로 한 팬덤 마케팅 역시 매우 주효했다.

2016년 배민은 '배짱이(배달의민족을 짱 좋아하는 이들의 모임)'라는 서비스 팬클럽을 창단하여 현재까지 운영하고 있다. 배민은 배짱이들을 위해 '배민문방구'에서 굿즈를 판매하고, 사옥 방문 행사를 통해 팬들의 직접적인 참여를 이끌었다. 2020년부터는 '주간 배짱이'라는 뉴스레터를 발행하고 SNS를 통해 배민의 캠페인, 비하인드 스토리, 새로운 기능 및 업데이트 소식 등을 담아 전하고 있다.

배민은 스타트업으로서 대기업에서 도전하지 못했던 소위 B급 감성을 마케팅에 적극적으로 활용하면서 팬덤에 집중했다. 또한 대중문화 팬덤을 기업 마케팅에 도입함으로써 브랜드의 영향력을 키워 나갔다. 특히 '치믈리에 자격시험' '떡볶이 마스터즈' 등 참신한 이벤트는 적극적 프로슈머Pro-sumer로서의 팬들이 마케팅 홍보를 주도하도록 했다는 긍정적 평가를 받고 있다.

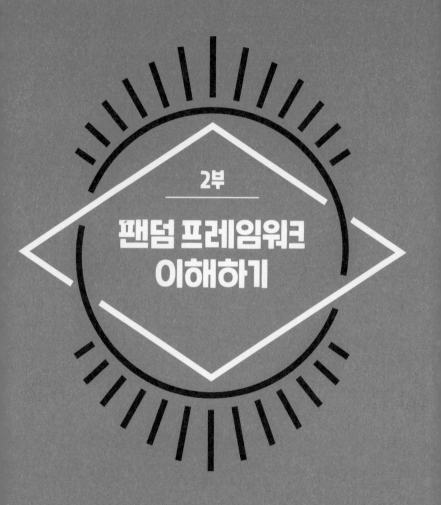

2부

팬덤 프레임워크 이해하기

팬덤 프레임워크

임영웅 팬클럽 회원들은 '3초의 기적'을 경험했다고 말한다. 임영웅의 노래를 3초만 들으면 바로 팬이 된다며 입덕의 순간을 표현한 것이다. 그러나 팬이 입덕의 순간을 거치더라도 모두가 한순간에 열정적인 팬이 되는 것은 아니다. 팬심이 팬아이콘과의 관계를 어떻게 받아들이냐에 따라 점차 팬으로 각성하게 되고 심화된 팬덤 활동을 하게 된다.

이처럼 팬이 팬으로 각성하여 팬덤 활동을 하는 마음속 변화를 팬의 입장에서 단계를 나누고 정리한 것이 팬덤 프레임워크Fandom Framework이다. 팬의 심리를 이해하고 팬덤이 팬아이콘과 상호작용하는지 파악하는 것은 팬덤을 이해하는 데 다양한 인사이트를 제공한다. 프레임워크를 통해 팬들의 심리를 살펴보면서 팬심의 각 발달 단계를 구분하여 이해할 수 있고, 역으로 팬덤 활성화를 위해 팬아이콘이 어떤 역할을 해야 할지 파악할 수 있다.

팬덤 프레임워크: 팬심 5단계 & 팬아이콘 4 요인들

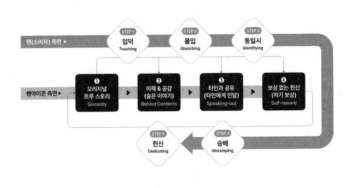

팬덤 프레임워크에서는 두 가지 심리적 흐름을 확인할 수 있다. 하나는 팬심 발달 단계이고, 다른 하나는 팬아이콘 요인이다. 팬심 발달 단계는 5가지 단계로 구성되며, 팬들과 상호작용하는 팬아이콘은 4가지 특성으로 구성된다. 이때 팬심은 각 단계에서 팬아이콘의 특성과 상호작용하면서 다음 단계로 발전해 나가게 된다.

팬심의 입덕 순간과 팬으로서의 자각 순간이 일치하진 않는다. 우연한 기회 또는 주변의 이야기에 끌려 접한 팬 아이콘의 어떤 속성은 호기심을 유발하고, 팬들은 팬아이콘의 스토리에 몰두하며 점차 그들과 동일시하게 되고 팬덤으로 각성한다. 이러한 자각은 타인에게 좋아하는 팬아이콘을 적극적으로 알리고 응원하면서 이들을 위해 자신을 헌신하는 과정을 겪게 된다.

팬덤 프레임워크를 볼 때 염두에 둬야 할 것은 팬과 팬아이콘은 매우 강력한 연결 고리를 가지고 있으며, 그 연결 고리는 팬의 일방적인 헌신과 노력만으로 유지되거나 강화되지 않는다는 점이다. 팬아이콘의 어떠한 속성이 팬들이 더욱 몰입하고 동일시하며, 그들에게 열렬한 응원과 헌신적 지지를 보내도록 하는지 하나씩 살펴보도록 하자.

1단계 : 입덕
Touching

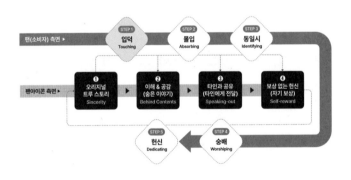

임영웅의 팬들은 '3초의 기적'을 말하지만 진짜 3초 안에 팬이 되는 것은 아니다. 중요한 것은 3초 안에 입덕한다고 느낄 만큼 강력한 팬아이콘의 스토리다. 대개 팬아이콘은 찰나의 순간에 마주하여 첫 만남의 감성이 강렬했다는 것만을 기억할 뿐이다. 이어지는 두 번째, 세 번째 만남에서 팬은 팬아이콘을 이해하게 된다.

팬아이콘과의 첫 만남은 감성적 이끌림과 흥미 정도에서 시작된다. 그 후 팬아이콘의 정보를 알게 되면서 팬아이콘을 접했던 첫 순간의 기억을 재창조한다. '임영웅의 호소력 짙은 목소리에 3초 안에 팬이 된다'라고 첫 만남의 순간을 재구성하는 것이다.

팬덤 프레임워크에서 입덕의 순간을 뜻하는 터칭^{Touching}은 표면적으로는 단순히 팬아이콘에게 감성적으로 이끌린 순간으로 보인다. 마치 팬아이콘이 지닌 속성과 팬이 처한 상황이 절묘하게 맞아떨어지는 '감성의 교집합' 순간처럼 말이다. 물론 누군가에겐 특정 상품의 매력이, 누군가에겐 정치인의 말 한마디가 팬심에 불을 붙이는 발화점이 되기도 한다. 이처럼 우연과도 같은 첫 만남을 사람들은 기억한다고 믿는다.

하지만 변화무쌍한 감성적 교감이 일어났다고 해서 그 감정을 제대로 기억하기는 어렵다. 우리가 기억하는 감성적 교감을 위해서 필요한 것이 있는데, 바로 팬아이콘의 진정성 있는 스토리인 '오리지널 트루 스토리^{Original True}

Story'이다. 누군지도 모르면서 듣는 3초의 노래는 의미가 없다. 그것이 임영웅이기 때문에, 음악에 대한 진심과 노력이라는 진정성 있는 스토리를 가지고 있는 아티스트이기 때문에 팬덤의 터칭이 만들어질 수 있다.

흔히 말하는 입덕(터칭)은 팬아이콘을 처음 발견한 순간이지만 이는 감정으로만 만들어지는 것은 아니다. 순간의 감정은 휘발돼 버린다. 오히려 팬의 기억에 남은 터칭(입덕)의 순간은 팬아이콘의 스토리를 이성적으로 이해하는 순간 완성된다. 다만 팬의 입장에서는 이 순간을 이성적인 이해가 아닌 감정적 이해로 판단했다는 왜곡이 발생하게 된다. 그래서 '3초 만에 팬이 되었다'는 감성적 결과가 남게 되는 것이다.

흙수저 중소 기획사 출신 아이돌 BTS가 노력과 열정으로 한국 가수 최초로 빌보드 싱글 1위를 개척한 이야기, 임영웅이 식당에서 아르바이트를 하면서 트로트 가수의 꿈을 키워 온 이야기 등 팬들과 팬아이콘이 교감하는 첫 번째 순간은 감정의 느낌으로 기억되지만 그 기원에는 팬아이콘이 쌓아 온 고유한 이야기가 있다.

이를 기업이나 상품에 적용한다면 상품으로써의 스펙과 성능보다는 그 뒤에 숨어 있는 팬아이콘의 이야기가 팬들에게 더 중요할 수 있다. 소비자가 팬으로 바뀔 첫 번째 가능성은 바로 팬아이콘의 진짜 이야기에서 나온다. 기업들이 신제품 광고나 홍보를 할 때 범하는 실수가 있다. 바로 'U.S.P Unique Selling Point(고유 판매 소구점)'를 다시 잡으려 한다는 것이다. 소비자의 눈과 귀를 잡을 수 있는 새로운 특장점을 찾을 때, 이미 상품을 기획하고 개발할 때 목표했던 최초의 의도와 진정성은 사라지고 가려질 수 있다.

팬들이 입덕하기 위해서는 이해와 감성의 조화가 필요하다. 팬을 기다리는 팬아이콘이라면 팬심에 대한 이해를 바탕으로 팬아이콘의 열정과 노력을 드러낼 수 있는 스토리를 준비해야 한다. 그리고 신제품을 접할 때 감성적인 터칭의 순간을 기획하는 것이 필요하다.

2단계 : 몰입
Absorbing

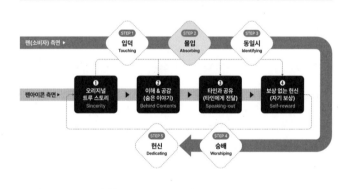

터칭이 이루어졌다고 해서 팬심이 즉시 발현되는 것은 아니다. 팬심은 그 이후 팬아이콘에 대해 알아보고 이해하며 심화된다. 점차 팬으로 각성해 가는 과정에서 팬들은 팬아이콘의 스펙이나 특성 등 기본적인 정보가 아니라 자신들의 가치관이나 감성과 맞아떨어지는 부분을 찾는다.

팬아이콘의 정보를 이해하고 공감하기 위해 팬은 자료를 수집하고 나누면서 팬아이콘에게 점진적으로 더욱 **빠**져들게 된다. 이것이 팬아이콘에 대한 팬심의 2단계 몰입 Absorbing 이다. 몰입은 팬이 팬아이콘에 대해 공부하면서 즐거움을 찾는 과정이다. 팬들이 알고 싶은 것은 잘 만들어진 홍보용 정보가 아니라 다른 사람은 알지 못하는 팬아이콘의 숨겨진 정보다.

팬들의 몰입을 위해 팬아이콘은 더 많은 정보를 준비해야 한다. 특정 브랜드의 제품이라면 제품 매뉴얼뿐만 아니라 제품을 기획한 목적과 제품이 만들어지기까지의 과정을 알려주면 고객이 몰입할 '꺼리'가 많아진다. 그렇다면 팬은 팬아이콘의 어떤 정보와 메시지를 진정성 있는 스토리로 이해할까?

삼성전자 '갤럭시 팬파티'

2018년 갤럭시S9과 갤럭시노트9을 출시한 삼성전자는 삼성 멤버스 회원을 위한 삼성 위드인 Within 행사에서 삼성전자 수원 디지털 시티의 문을 팬들에게 열었다. 갤럭시 팬들을 초청했던 첫 번째 행사였다. 팬들은 삼성전자를 직접 방문해 수원 사업장 안에 있는 삼성 이노베이션 뮤지엄을 견학하고, 노트 시리즈의 펜 기능에 대해 개발자들로부터 직접 설명을 들었다.

그해 처음 열린 갤럭시 팬파티는 팬들의 경험을 더욱 극대화하였다. 셀럽과 팬들이 참여하여 갤럭시를 공감하고 즐기는 파티로 발전했고, 코로나19 시기에도 랜선을 이용한 팬파티는 계속되었다. 2022년부터는 다시 오프라인 행사를 재개하면서 갤럭시 팬덤을 대상으로 하는 마케팅 활동을 전개한다. 갤럭시 팬덤은 팬파티를 통해 팬아이콘인 갤럭시를 가까운 거리에서 직접 체험하면서 지지와 응원을 보낼 수 있게 됐다.

갤럭시 팬파티가 갤럭시 '찐팬'을 초청하여 행사를 개최하는 것은 단순한 고객 사은 행사 이상의 의미를 갖는다. 팬파티는 팬들이 갤럭시에 대한 새로운 정보를 다른 일반 고객들보다 먼저 받아들이고 공감하여 다른 사람들에게 전파하고 확산할 수 있는 통로가 된다. 갤럭시 팬파티에 참여하는 찐팬들은 갤럭시 브랜드에 공감하면서 제품에 대한 더 많은 정보를 바라는 이들이다. 팬들은 출시된 제품의 성능과 특징을 남들과 똑같이 알기를 원치 않는다.

팬들은 더 빠르게 더 숨겨진 이야기를 알고자 한다. 팬아이콘에 대한 박사가 되어 가는 것이다.

팬덤을 만들고자 하는 팬아이콘은 팬심의 몰입과 체험을 활용하는 것이 중요하다. 팬아이콘을 머리로 이해하고 가슴으로 받아들이면서 팬아이콘에게 '공감Sympathy'한다. 공감은 팬과 팬아이콘을 이어 주는 연결고리 역할을 한다. 팬들은 팬아이콘의 또 다른 대변인이며 팬아이콘의 연장선상에 놓인다. 팬과 팬아이콘은 한 몸처럼 일체화되어 간다.

3단계 : 동일시
Identifying

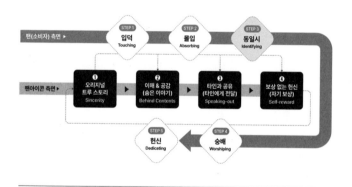

"어제 저녁에 TV에서 XXX 가수 봤니? 완전 감동이었잖아. 그 무대는 말야…"

"어제 축구 경기에서 후반 40분에 결승골 헤딩슛, 장난 아니었어."

우리는 팬들이 전해 주는 팬아이콘의 목격담이나 뒷이야기를 쉽게 들을 수 있다. 그때 팬의 얼굴에서는 자랑스러움과 대견함을 읽을 수 있다. 팬들은 팬아이콘과 자신을 동일시하며 팬아이콘을 자신의 일부로 확장해서 생각한다. 이들은 스스로 느낀 팬심을 타인에게 전달하고 교감하면서 팬아이콘에 감정 이입하고 팬심이 극대화되는 것을 느낀다. 팬심의 3단계인 동일시Identifying 단계다.

입덕과 몰입의 단계를 거친 팬들은 팬아이콘과 감성적 공동체가 되는 것을 경험한다. 내가 바로 팬아이콘이고 팬아이콘은 나의 연장선에 있다. 자신이 타고 있는 자동차를 가족이나 애인처럼 대하면서 타인에게 추천하는 광경을 목격할 때, 우리는 구전 효과Word of Mouth의 강력한 효과를 느낄 수 있다.

동일시 효과는 팬 스스로 적극적인 행동을 하도록 만든다. 자신과 자신이 좋아하는 팬아이콘이 모두 더 높은 곳으로 올라가 다른 사람에게 존경받는 위치에 오를 수 있도록, 보다 열렬히 응원하게 되는 것이다. 동일시의 순간에 커뮤니티의 존재는 필수 불가결하다. 팬들은 정보를 탐색하고 공유하기 위해 커뮤니티를 찾는다. 팬들은 자신이 경험한 팬아이콘의 무언가를 타인과 나누면서 팬심이 강화되는 심리적 과정을 겪는다. 팬아이콘과 자신을 동일시하는 팬들은 누군가 팬아이콘을 평가절하하거나 공격할 때 보통 이상으로 동요하게 된다. 이미 팬과 팬아이콘은 심적으로 연결되어 있기에 팬아이콘에 대한 공격은 곧 팬 자신에 대한 공격으로 간주된다.

동일시의 팬덤 단계에서 팬은 팬아이콘과 감정과 경험을 공유하고 팬아이콘과 희로애락을 함께 한다. 팬과 팬아이콘 사이의 감정적 연결은 그들 사이의 강력한 결합을 이끌며 일체감을 만든다. 그리고 이러한 일체감으로 점차 팬들은 팬아이콘을 더욱 높은 위치로 올리려 최선의 노력을 다한다. 숭배가 시작되는 것이다.

4단계 : 숭배
Worshiping

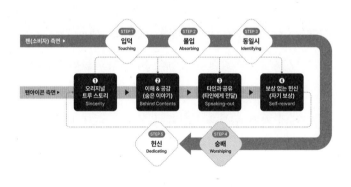

팬들이 동일시를 통해 팬덤으로서 각성하게 되면 자신들이 좋아하는 팬아이콘이 보다 높은 곳으로 오르기를 원한다. 팬아이콘이 보다 높은 가치로 평가받고 존경받는

존재가 되도록 응원하고 지지하는 마음, 이 단계가 숭배 Worshiping다.

'숭배하다'는 '높이 받들어 우러러보다'라는 뜻으로, '추 앙하다'라고도 한다. 즉 숭배는 팬아이콘이 다른 사람에게 도 가치를 인정받기를 바라는 마음을 의미한다. 이는 팬 스스로 팬아이콘과 함께 높은 곳에 오르고 싶어 하는 마음 이기도 하다. 팬들이 지지와 응원을 보내는 팬아이콘의 가 치가 높아진다면 그들을 응원하는 팬들의 위상도 함께 높 아진다고 생각하는 것이다.

주로 대중문화에서 사용되는 아이돌Idol은 애초에 우상 이라는 뜻을 갖고 있었다. 우상은 기독교에서 배척의 대상 이었고, 17세기 철학자 프란시스 베이컨은 종족, 동굴, 시 장, 극장에 우상이 있어서 인간이 편견과 선입견을 가지게 되므로 네 가지 우상을 극복해야 할 대상으로 보았다. 이 는 사람들이 우상을 숭배하는 것이 그만큼 자연스럽고 보 편적인 인간의 심리임을 보여 주는 것이기도 하다.

이미 최고의 위치에 있는 팬아이콘을 숭배할 때도 있지 만, 대부분의 팬덤에서 팬아이콘은 발굴되지 않은 보석이 며 육성의 대상으로 인식된다. 팬아이콘의 숨겨진 가치를 이미 발견한 팬들은 세상 모두가 팬아이콘의 진정한 가치를 알아주기를 원한다. 그렇다면 팬들이 바라보는 앞으로 팬아이콘이 도달할 최고의 가치는 무엇일까? 팬덤의 정점에 위치한 명품 브랜드를 통해 최고의 가치를 숭배하고 추앙하는 팬의 마음을 읽을 수 있다.

에르메스 팬덤이 숭배하는 가치

에르메스는 1837년 마구馬具 용품을 만들던 가죽 장인의 회사로 출발한 프랑스 기업이다. 가족 경영, 자립 운영, 책임감 있는 회사를 추구하는 에르메스는 45개국에 300개 이상 매장을 가진 기업이다. 에르메스는 창업주의 후손들이 가업을 계승하면서 인수나 합병에 휘둘리지 않으며 명품 기업의 가치를 지키고 있다.

팬들은 100년이 넘는 긴 시간 동안 에르메스 브랜드와 상품에 무한한 기대와 존경을 보냈다. 불경기에도 에르메스 매장에 오픈런 고객이 줄을 서는 이유는 무엇일까? 에르메스 팬들은 왜 브랜드와 상품을 좋아하는 것을 넘어 에르메스를 숭배하고 추앙할까? 다음의 세 가지에서 그 이유를 찾아볼 수 있다.

첫 번째는 역사성, 즉 유산Heritage으로 해석되는 브랜드가 가진 전통이다. 6세대를 거치면서 가죽 명인으로 자리 잡아 온 역사는 에르메스를 명품의 반열에 올렸다. 가죽을 다루는 방식, 창의적인 옷감 인쇄법 등 브랜드 기술이 곧 유산이다. 에르메스는 과거 역사와 전통을 고수하면서도 전통의 테두리 안에서 새로움의 가치를 만든다.

두 번째는 최고 품질의 제품이라는 명성이다. 에르메스는 수제 제작 방식을 고수하는 장인 정신이 깃든 작품이다. 팬들은 팬아이콘인 에르메스가 디자인하거나 제품을 만드는 모든 과정에 최고라는 가치를 부여하고, 가격과 팬덤 규모 면에서도 최고 수준의 위상을 보여 준다.

세 번째는 희소성이다. 수제 제작 방식으로 인한 한정된 생산량과 높은 가격도 숭배하는 마음을 불러일으키는 원인이 된다. 에르메스 상품은 소수의 고객들만 구입할 수 있다. 팬들은 가질 수 없는 것, 갖기 어려운 대상에 대해 동경과 열망을 품게 되고, 이는 숭배하는 마음으로 이어진다.

팬들의 추앙은 채움의 과정이기도 하다. 팬과 팬아이콘은 서로에게 없는 것을 채워 완성체가 되는 상보적인 관계이다. 수많은 패션 명품이 존재하는 이유는 명품의 가치를 알아보고 기꺼이 가치를 지불하는 팬이 있기 때문이다. 반대로, 팬들은 팬아이콘 세계관에서 완성된다. 팬들은 팬아이콘이 더 높은 곳에 올라가도록 최선을 다하는 데서 자신의 사명과 역할을 찾는다. 이를 우리는 팬덤 세계관의 완성이라고 한다.

팬들은 팬아이콘과 스스로를 감성적으로 연결하여 일체감을 형성하면서(동일시), 팬아이콘의 가치를 더 높이, 스스로 격상시키기 위해 숭배하고 추앙한다. 이를 통해 혼자 좋아하는 것을 넘어서 타인과의 커뮤니케이션을 통해 자신에게 영감을 주는 팬아이콘이 얼마나 대단한 존재인지 설파하게 만든다. 팬들은 팬아이콘의 높은 가치를 먼저 알아보는 선지자 역할을 하는 것이다.

5단계 : 헌신
Dedicating

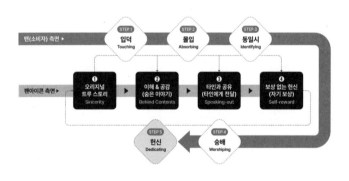

팬은 자신이 미리 알아보고 확신한 팬아이콘의 미래 가
치를 타인에게 적극적으로 알리고 공감을 얻고 싶어 한다.
팬아이콘이 더 높은 위치로 올라가고 더 많은 영향력을 갖게 되는 것을 통해 자신의 응원과 선택의 타당성을 입증받고자 한다. 여기에서 팬아이콘에 대한 숭배는 헌신^{dedicating}과 기여의 단계로 진입한다.

아프리카TV '별풍선'이라는 헌신

인터넷 개인 방송 시대를 연 아프리카TV의 방송 진행자인 BJ^{Broadcast Jockey}들은 별풍선으로 수익을 창출한다. 별풍선은 아프리카TV가 2007년 만든 기부 시스템으로 BJ의 개인 방송을 시청하는 시청자가 진행자에게 방송 중에 직접 후원금을 보낼 수 있는 기부 방식이다. 한 BJ가 한 달에 무려 400백만 개가 넘는 별풍선을 받았다는 전설처럼 전해지는 이야기도 있다. 돈으로 환산하면 약 45억 정도 되는 큰 액수이다.

별풍선은 팬아이콘에게 보내는 팬심의 헌신이다. 지금은 온라인 콘텐츠 크리에이터들을 위한 기획사가 생겨 유튜브 스타들의 콘텐츠를 유통하고 저작권을 관리하며 광고를 유치하는 역할을 한다. 조회 수와 팔로워 수에 따라 수익이 배분되는 유튜브 플랫폼의 사업 방식에 따라 팬들의 헌신도 새롭게 자리 잡았다. 별풍선, 슈퍼챗 등 직접적인 기부 방식뿐만 아니라 구독, 좋아요, 댓글 등으로 팬심의 행동 방식은 확장되었다.

팬들은 팬아이콘에게 도움이 될 수 있는 방식으로 행동하면서 팬심을 증명한다. 스스로 내적 동기화Intrinsic Motivation된 팬들은 더 많은 팬들과 함께 팬아이콘의 성공을 위해 헌신한다. 이는 종교의 선교 활동과 유사하다. 팬들은 팬아이콘의 가치를 더 많은 사람에게 전파하기 위해 기꺼이 자신의 수고와 노력, 비용과 투자를 아끼지 않는다. 이러한 기여와 헌신을 통해 팬덤은 더욱 커진다.

우리가 주목하는 팬덤의 마케팅 효과가 타 마케팅 활동과 가장 근본적으로 다른 점은 바로 이렇게 순환적으로 팬덤 활동이 강화되는 지점에 있다. 팬덤의 헌신은 타인에 대한 선교 활동을 통해 팬덤의 재생산을 가능하게 한다.

팬아이콘 교감 요인

팬덤 프레임워크가 심화 단계로 넘어가기 위해서는 각 단계에서 팬덤과 소통하는 팬아이콘의 특성이 필요하다. 팬들은 팬아이콘과의 상호작용을 통해 그 다음 단계의 팬심으로 발전해 나간다. 팬심을 심화시키는 팬아이콘의 특성에는 첫째, 진정성 있는 이야기, 둘째, 이해와 공감, 셋째, 타인과의 공감, 넷째, 보상 없는 노력이 있다.

오리지널 트루 스토리

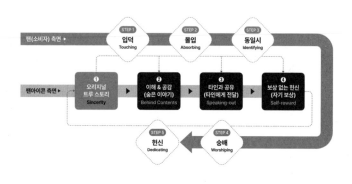

팬은 처음에 팬아이콘을 어떻게 인식하고 팬덤 세계관을 발화시킬까? 팬들은 팬아이콘을 어떻게 해석하고 심리적으로 소통하게 될까? 팬아이콘은 어떻게 팬들의 심리를 각 단계에 따라 발전시킬 수 있을까? 그 출발점은 바로 팬아이콘이 가지고 있는 진정성, 오리지널 트루 스토리이다.

우리는 갑자기 귀로 흘러 들어오는 노래 가사에 순간적으로 공감하기도 하고, TV에서 무심코 나오는 스포츠 선수의 열정적인 플레이에 감동하기도 한다. 그렇지만 이 모든 것이 팬심으로 이어지는 것은 아니다. 팬아이콘이 가진 스토리의 힘에 마음이 움직일 때 팬들은 팬심을 갖는 터칭의 순간을 경험한다. 귀로 흘러 들어온 음악의 아티스트, 열정적인 플레이를 보여 준 운동선수가 '어떤 사람'인지 알게 되어 공감하게 된 그 순간, 팬심의 터칭이 일어난다.

이때 팬아이콘의 독창적이고 진정성 있는 스토리는 터칭을 이끄는 핵심 열쇠다. 진정성의 사전적 의미는 '진실하고 참된 성질'이다. 뮤지션에게는 음악을 통해 사람의 마음에 감동을 주겠다는 것이 진실되고 참된 가치일 수 있다. 커피를 예로 든다면 커피의 정통성, 다른 사람들과 교류하도록 만드는 매개체라는 특성, 진심을 다해 커피를 내리는 바리스타에게서도 진정성의 가치를 찾아볼 수 있다. 팬아이콘이 가치에 집중해서 오랫동안 노력을 기울인 결과를 보게 됐을 때 팬덤은 진정성을 느낀다.

진정성은 생각지도 못한 때와 장소, 상황에서 발현된다. 노히트노런을 앞둔 한 투수의 마지막 9회, 그가 던진 공이 홈런을 맞았을 때 누군가는 노히트노런 기회를 아쉽게 놓친 투수 표정에서 그동안 그가 얼마나 열심히 노력했을지 그리고 그 놓친 기회에 좌절하지만 얼마나 최선을 다했는지 느끼며 팬이 되기도 한다. 한 명의 시청자에서 팬으로 돌아서는 순간이다. 팬심 터칭 순간이 생긴 것이다. 팬이 되는 순간은 팬아이콘이 성공을 이루는 순간이 아니라, 팬아이콘의 진정성을 이해한 바로 그 순간이다. 준비되어 있는 팬아이콘은 공감을 불러일으킬 수 있는 이야기를 갖고 있다.

팬아이콘의 변화와 발전에 따라 팬이 터칭을 이루는 진정성은 진화한다.

스타벅스의 진정성

스타벅스는 이탈리아 에스프레소 바에서 영감을 받은 하워드 슐츠가 이탈리아 커피하우스의 전통을 미국으로 가져오겠다는 비전을 갖고 시작되었다. 초기 스타벅스가 강조한 것은 커피에 대한 진심이었다. 이후 시간이 흐르면서 커피와 카페를 둘러싼 환경은 변화했다. 어떤 이는 커피를 빠르게 사서 들고 나가기를 원했고, 어떤 이는 대화를 나누면서 커피를 마시고 싶어 했고, 매장에서 일하면서 커피를 마시고 싶어 하는 이들도 있었다.

스타벅스는 이러한 변화에 대응하며 다른 어떤 커피 매장보다 일찍 디지털을 받아들였다. 매장 곳곳에 콘센트를 배치했고, 오랜 시간 커피를 마시면서 업무를 보더라도 눈치 주는 일은 없다. 모바일 앱을 통해 사전 주문하는 사이

렌 오더를 만들고, 드라이브 스루Drive-Thru로도 커피를 빠르게 편하게 주문할 수 있도록 '마이 디티 패스My DT Pass' 시스템을 도입했다. 고객은 커피에 진심이라는 최초의 진정성에서 나아가 커피를 '빠르고, 편하고, 즐겁게' 마실 수 있는 매장 환경에서 터칭을 경험하게 되는 것이다. 이처럼 시대에 따라 스타벅스 커피의 진정성도 변화하고 있다.

스타벅스는 커피숍을 방문한 소비자에게 최초 팬심의 터칭을 이끌어 낸다. 여기서 중요한 포인트는 터칭의 순간, 즉 최초 접점의 순간에 팬이 끌리는 것은 예쁘게 포장된 만들어진 이미지가 아니라는 점이다. 팬들은 외부에 보이는 광고나 눈길을 사로잡는 메시지가 아니라, 그 뒤에 숨어 있는 스토리에 집중한다. 그렇다면 왜 어떤 스토리는 팬심 확보에 성공하고 어떤 스토리는 터칭을 이루어 내지 못하는 것일까.

팬심의 터칭은 광고나 홍보와 같은 소위 의도되고, 보여주는 스토리와는 매우 다른 출발점을 가지고 있다. 광고는 타깃 소비자 사이에서 가장 효과가 좋을 것으로 예상되는 메시지를 콘셉트로 만들어진다. 여기서 팬덤이 원하는 터칭의 진정성은 사라진다. 팬아이콘의 오리지널 트루 스토리는 광고를 통해서는 전달되지 않는다.

이해 & 공감

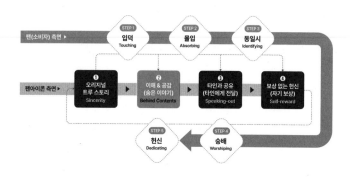

터칭을 통해 발화된 팬심은 팬아이콘을 더욱 알고 싶다는 마음으로 이어진다. 팬들은 탐구와 추리를 통해 그들이 수집한 정보를 조합하며 팬아이콘 스토리를 재구성한다. 팬아이콘이 이러한 팬심을 파악하고 팬들에게 숨은 이야깃거리를 더 많이 제공한다면 팬덤으로부터 더 많은 지지와 응원을 이끌어 낼 수 있다. 팬아이콘을 이해하고 공감하는 몰입의 단계를 거치면서 팬덤은 더욱 확대된다.

스포츠 팬덤의 사례를 보면, 선수나 팀이 그동안 어떤 노력으로 경기를 진행해 왔는지 이해하면서 팬덤이 점차 발전한다. 현재 경기의 배경이 되는 뒷이야기를 듣고 팬아이콘에게 더욱 몰입하는 것이다. 팬심이 시작되는 터칭의 순간은 한 번의 경기일 수 있지만 팬아이콘의 배경이 되는 정보, 즉 팬아이콘 스토리를 탐색하고 총체적으로 이해하면서 팬들은 스스로 팬으로서 자각하고 성장한다. 팬아이콘 스토리는 팬에게 있어서 공부해야 할 지식이자, 팬아이콘을 응원하는 이유이며, 팬덤을 더 많은 사람들에게 확장시켜야 하는 근거가 된다.

2002년 월드컵 '붉은 악마'

1983년 멕시코 세계 청소년 축구 대회에서 대한민국 청소년 축구팀이 4강에 오르는 신화와 같은 일이 일어난다. 현지 언론은 청소년 대표팀을 '붉은 악령Red Furies'이라 불렀고, 이는 대한민국 축구 대표팀 응원단 '붉은 악마' 명칭의 기원이 된다. 붉은 악마 응원단은 1995년 PC 동호회 시절부터 2002년 한일 월드컵을 거쳐, 2022년 카타르 월드컵에 이르기까지 대한민국 축구 대표팀을 지지하고 응원해 왔다.

붉은 악마는 카드섹션을 통해 대한민국 축구 역사를 알리며 응원을 한 것으로 유명하다. 2002년 6월 이탈리아와의 16강전에서 선보인 'Again 1966' 카드섹션이 대표적이다. 1966년 잉글랜드 월드컵에서 북한이 이탈리아를 1 대 0으로 꺾었던 역사를 재현했으면 하는 바람을 담은 이벤트였다. 팬아이콘에 대한 이해와 공감의 역사는 2022년 카타르 월드컵에서는 'Again 2002'로 이어졌다.

붉은 악마는 대한민국 축구 대표팀에 대한 잘 알려지지 않았던 숨은 이야기를 수면 위로 끌어올려 팬덤을 결집시켰다. 이는 스포츠에 열광하는 팬덤이 단지 경기의 승패에 국한하여 선수와 팀을 응원하는 것이 아니라, 이해하고 공감할 수 있는 스토리에 집중한다는 것을 보여 준 사례였다.

팬아이콘을 이해하고 공감하기 위한 노력은 다른 팬덤에서도 공통적으로 나타나는 현상이다. 이러한 팬들의 심리를 고려해 팬아이콘은 팬들이 공부하고 재미있어 할 만한 스토리를 많이 준비하고 공개해야 한다. 여기에서 중요한 점은 이 스토리가 대외적으로 모두 공개되는 것이 아니라 각성된 팬들에게 공개되어야 한다는 것이다. 팬들에게는 제한된 정보 접근을 허용받는 소수의 멤버가 되고, 이렇게 알게 된 정보를 외부로 알리는 선각자로서의 역할을 하고 싶은 욕구가 있다.

팬아이콘에 대해 팬들이 이해하고 공감한 이야기는 타

인과 소통하면서 더욱 가치를 갖게 된다. 이때 필요한 것은 홍보나 광고를 통해 만들어진 이야기가 아니라, 그들이 진정으로 겪어 왔던 솔직한 비하인드 스토리다. 뒷이야기를 통해 팬들은 팬아이콘에게 더욱 몰입하고 서서히 팬-팬아이콘 간의 심리적 결합이 시작된다. 몰입 단계에 있던 팬들은 비하인드 스토리를 타인에게 전파하며 팬아이콘과 자신을 동일시하는 단계로 넘어간다.

타인과의 교감

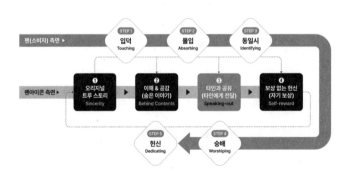

팬이 각성하게 되는 순간은 누군가에게 자신이 받았던 팬심 경험을 전달하면서다. 팬아이콘은 팬들이 다른 사람들에게 팬아이콘에 대해 열렬히 말할 '꺼리'를 만들어 주는 게 필요하다. 팬아이콘의 존재감을 드러내면서 타인과의 적극적 소통이 가능하도록 하는 것이다.

팬들에게 타인과 소통하는 것은 그 자체가 덕질을 이어가는 팬덤 라이프다. 팬은 팬아이콘의 정보를 타인과 나누며 팬으로서 각성하고 소통을 통해 팬임을 증명한다. 팬들은 팬아이콘의 무엇을 이야기 소재로 삼고, 다른 사람들과 어떻게 소통할까? 팬들이 떠드는 공간에 대한 이해가 필요하다.

팬덤 커뮤니티를 들여다보면 대중문화 팬들의 팬덤 라이프를 이해할 수 있다. 팬들은 같은 팬아이콘을 좋아하는 다른 팬들과 교감하고 소통하기를 원한다. 팬덤 커뮤니티에서 팬들은 정보를 탐색하고, 자신이 알게 된 정보를 다른 팬들과 나누며 이해와 공감을 받는다. 이곳에서 이들은 팬으로서의 지지와 응원을 마음껏 누리고, 팬들 사이의 교감을 통해 팬덤은 더욱 커진다.

팬덤 커뮤니티 '더쿠'

'더쿠Theqoo'는 2012년 개설된 온라인 대중문화 팬덤 커뮤니티로 이곳에서는 한국 가수와 배우를 비롯하여 외국 연예인, 영화, 드라마, 스포츠, 게임 등 다양한 팬아이콘을 찾아볼 수 있다. 회원 규모는 2022년 말 기준 25만 명 정도로 알려져 있고 팬아이콘별로 세부 카테고리 게시판이 존재한다. 회원이 아닌 누구라도 더쿠 게시판의 글을 볼 수는 있지만 게시판 글과 댓글은 회원만 쓸 수 있는 회원제기반 익명 사이트이다.

팬들은 팬아이콘의 정보를 접하고 다른 팬들과 감정적 교류를 하기 위해 더쿠를 방문한다. 팬덤 라이프의 대부분은 팬아이콘의 실시간 정보를 다른 팬들과 소통하고 교감하는 것으로 이루어진다. 터칭을 통해 발화된 팬심은 팬아이콘을 더욱 알고 싶다는 마음으로 이어지고, 자신이 알게된 정보를 다른 팬 또는 타인에게 공유하면서 팬은 팬아이콘과 자신을 감성적으로 동일시한다.

이제 팬아이콘의 고통은 곧 자신의 고통이고, 팬아이콘의 성공은 자신의 행복이자 성취가 된다. 팬아이콘의 성공을 위해 팬들은 적극적으로 행동한다. 이처럼 팬 커뮤니티에서 정보와 감성의 동반자를 만나면서 팬들은 팬아이콘의 수동적인 추종자에서 적극적인 전도사로 변한다. 커뮤니티 활동은 팬들을 하나로 묶으며 팬아이콘에게도 영향력을 행사할 수 있는 힘을 만들어 낸다.

팬심이 몰입 단계에서 동일시 단계로 넘어가는 과정에서 팬아이콘은 팬들이 정보와 감성을 나눌 수 있는 커뮤니티, 즉 소통 창구를 만들어야 한다. 소통의 마당은 물리적인 공간이 아니라 온라인 공간일 수도 있고, 기업에서는 제품의 커뮤니티 게시판이 될 수도 있으며, 비정기적인 대면 모임의 형태일 수도 있다. 팬들 스스로 자발적으로 만드는 공간이 될 수도 있고, 기업이 나서서 후원하는 형태가 될 수도 있다.

여기에서 중요한 지점은 팬아이콘이 팬과 소통하는 채널이 필요하다는 것이다. 그 채널을 통해 팬들에게 정보를 제공하고 팬아이콘의 상황과 정보를 공유함으로써 팬들은 팬아이콘과 연결된 느낌으로 팬 활동을 강화할 수 있다. 소통의 확대는 팬들에게는 타인과 함께한다는 소속감을 불러오고, 팬아이콘에게는 더 큰 팬덤을 불러오게 된다.

보상 없는 헌신

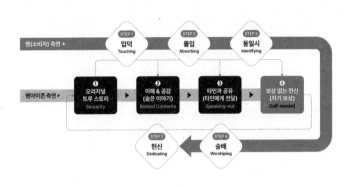

팬커뮤니티를 통해 더 큰 세력이 된 팬덤은 이제 팬아이콘의 정보를 탐색하고 감성을 나누는 것에서 멈추지 않는다. 팬아이콘을 추앙하는 팬들은 어떻게 하면 팬아이콘을 더 큰 성공으로 이끌지, 팬아이콘을 지금보다 높은 위치로 올라서게 만들 수 있을지 고민하고 행동한다. 팬들은 어떠한 보상도 바라지 않는다. 팬아이콘이 성공하는 것, 그 자체가 보상이기 때문이다. 팬아이콘이 성공하기를 바라는 마음 그 자체가 동기가 되어 팬들은 보상 없는 헌신을 한다.

팬들이 바라는 것은 그들이 지지하고 응원하는 팬아이

콘이 더 큰 영향력^{The power of influence}을 가진 팬아이콘으로 성장하는 것뿐이다. 이처럼 순수한 마음으로 팬아이콘을 지지하고 응원하는 사람을 전도사, 즉 에반젤리스트 Evangelist라고 부른다. 에반젤리스트는 종교에서 사용되던 말로, 종교의 가치와 의미를 널리 전파하고 전달하는 사람을 의미한다. 이들은 어떠한 보상도 바라지 않고 종교적 신념과 사명감을 갖고 포교 활동을 한다.

종교와 정치 영역에서 사용되던 에반젤리스트라는 단어를 20세기 테크 기업에 적용한 곳은 미국 애플사였다. 애플은 자신들이 출시한 제품에서 어떤 소프트웨어가 구동되는지가 사용자들에게 큰 사용 동인이 된다는 것을 알게 됐다. 애플은 외부 개발자들에게 애플을 위한 소프트웨어를 만들도록 설득하고, 애플 제품을 대중에게 홍보하는 가교 역할을 하는 기술 전도사, 즉 에반젤리스트를 육성하기 시작했다.

애플의 수석 에반젤리스트였던 가이 가와사키^{Guy Kawasaki}는 〈Selling the Dream: How to Promote Your Product, Company, or Ideas and Make Difference Using Evangelism〉 (1991)이란 책에서 에반젤리스트의 사명과 역할 그리고 효과에 대해 기술하고 있다. 그는 에반젤리즘을 "많은 사람

들로 하여금 자신의 기업, 제품 및 서비스에 대하여 자신과 동일한 신뢰와 확신을 가질 수 있도록 하는 전체 프로세스"라고 정의한다.

이는 팬덤을 만드는 과정과 비슷하다. 팬들은 다른 사람들에게 자신이 갖는 신뢰와 확신에 대해 알리고 타인을 변화시키려 한다. 정확히는 순수한 마음에서 타인에게도 팬아이콘의 가치를 알려 혜택을 주고 싶어 한다. 이는 다른 말로 '선한 영향력'이라고 한다.

이러한 공유의 팬심은 숭배하는 마음의 단계로 이어지고, 기꺼이 자신을 희생하면서 팬아이콘의 성공을 기원하는 헌신의 단계로 발전한다. 이때 팬아이콘은 팬심의 심화와 확장을 강하게 지원하는 자기 보상 장치를 준비할 필요가 있다.

예를 들어 팬 이벤트 행사 등을 통해 팬들이 팬아이콘을 가까이서 지켜볼 수 있도록 소통 창구를 여는 방법이 있다. 팬들은 물질적인 혜택을 기대하지 않는다. 팬들이 원하는 것은 팬아이콘이 팬을 인지하고 인정해 주는 것이다. 팬아이콘이 스스로 완전한 존재가 아니라 팬들을 통해 완전체가 되는 것 자체가 팬들에게는 보상이다.

2010년, 삼성전자는 갤럭시 휴대폰을 첫 출시하고 글로벌 마켓에서 애플의 아이폰과 정면 승부를 벌인다. 휴대폰의 성능과 기능 측면에서 갤럭시는 아이폰에 결코 뒤지지 않았지만 문제는 스마트폰의 하드웨어만으로는 소비자의 선택을 받기 어렵다는 점이었다. 중요한 것은 스마트폰에서 어떤 소프트웨어, 즉 애플리케이션이 구동될 수 있느냐였다. 애플은 아이폰 출시와 함께 빠르게 외부 소프트웨어 개발사들과 협력했고, 출시 3개월 만에 전 세계 약 1만 개 애플리케이션이 앱스토어에 등록되었다. 이는 애플이 만든 생태계Eco-system가 되었다. 삼성전자는 애플과는 조금 다른 팬덤 전략을 구사하였다.

애플과 삼성의 에반젤리스트 전략

애플은 1990년대 맥북 시절부터 소프트웨어의 중요성과 가능성을 인지하고 에반젤리스트를 육성해 외부 개발사와 커뮤니케이션해 왔다. 앱 개발사가 개발을 시작하기 위해서는 앱 개발 환경이 얼마나 잘 조성돼 있는지, 개발한 앱이 얼마나 시장성이 있는지에 대한 확신이 있어야 한다. 애플의 에반젤리스트들은 외부 개발사들의 개발 환경을 지원하고, 다른 한편으로는 개발한 앱이 앱스토어에서 잘 팔리도록 팬덤을 만들어 냈다. 아이폰 출시와 함께 애플은 빠르게 앱 시장 장악에 나섰다.

삼성전자는 애플 아이폰보다 3년 늦게 갤럭시를 출시하였다. 자사의 오리지널 OS 플랫폼인 '바다Bada' 플랫폼과 구글의 안드로이드 플랫폼으로 스마트폰 시장에 도전장을 냈다. 그러나 애플의 iOS 플랫폼이 스마트폰 애플리케이션 시장을 선점한 상황에서 뒤늦게 개발사들의 협력을 이끌어 내는 것은 어려운 도전이었다. 삼성전자의 반격은 여기서 시작되었다.

스마트폰 이전에 피처폰 시장에서 큰 성공을 이룬 삼성전자는 유통망 구축을 위해 이미 전 세계 지역법인이나 현지법인들이 각 지역별 네트워크를 이루고 있었다. 당시 삼성전자 휴대폰 마켓은 전 세계 170여 개 지역·현지법인을 확보하고 있었다. 삼성전자는 전 세계 지역·현지법인을 통해 모바일 앱을 개발할 수 있는 로컬 개발사 파트너를 모집하였다.

삼성전자의 로컬 에반젤리스트 전략은 주효했다. 삼성전자는 소프트웨어 개발을 지원하는 개발자 포럼을 열고, 지역·현지법인 중심으로 개발 비용과 마케팅을 지원하는 프로그램을 만들었다.

삼성전자가 가졌던 강점은 전 세계 로컬 마켓에서 이미

삼성전자와 소통하는 수많은 개발자 모임이 존재했고, 이 것을 팬덤으로 활용할 수 있는 기회가 있었다는 점이다. 삼성전자 친화적인 피처폰 기반 개발사들은 새로운 플랫 폼에서 자신들의 앱을 만들고자 하였다. 각 지역, 국가에 서 다양한 애플리케이션이 개발되어 삼성전자 스마트폰 으로 속속 들어왔다.

물론, 개발사의 이익을 고려한 결정이라는 점에서 앱 개 발사를 순수 팬덤으로 보기에는 무리가 있을 수도 있다. 하지만 앱 플랫폼 생태계에서 삼성과 애플의 경쟁은 팬아 이콘이 더 큰 팬덤을 만들기 위해 에반젤리스트 전략을 적 극 활용했다는 점에서 시사하는 바가 크다.

팬아이콘은 저절로 팬덤이 커지기만을 기다려서는 안 된다. 팬덤에 대한 잘못된 인식 중 하나는 팬아이콘이 자 신의 성과물에 집중하면 팬들은 팬덤이 스스로 알아서 키 울 것이라는 착각이다. 팬아이콘은 팬들이 숭배하고 기여 할 수 있는 여지와 공간을 보상으로 제공해야 한다. 팬아 이콘의 대리인인 전도사(에반젤리스트)들은 팬들에게 대리 인으로서의 권한을 주고 그들과 소통한다. 팬들이 팬아이 콘의 귀한 전도사임을 인정하는 것이다.

지금까지 팬덤 프레임워크를 통해 팬심의 각 단계에 따른 팬아이콘의 상호작용 요인을 살펴보며 팬덤을 인지하고, 만들고, 운영하고, 소통하는 방식을 알아보았다. 팬덤 프레임워크를 이해하게 되면 팬덤은 팬아이콘과 유기적으로 연결되는 가장 강력한 우군이면서, 함께 소통하고 중요하게 운영할 대상임을 깨닫게 된다.

이제 우리는 새로운 팬덤 프로세스를 운영할 수 있는 출발점에 섰다. 남은 과제는 팬덤 프로세스를 어떻게 현실에 적용할 수 있을 것인가이다.

팬덤 프로세스 운영하기

팬덤을 기반으로 더 큰 팬덤을 모으는 팬덤을 운영하기 위해서는 팬의 마음과 팬아이콘 요인의 상호작용을 이해하는 것이 가장 중요하다. 팬이 심리적으로 다섯 단계의 팬심 심화 과정을 겪으면서, 팬아이콘의 네 가지 요인과 상호작용을 할 때, 우리는 팬아이콘이 팬덤을 운영하는 데 필요한 다섯 가지 인사이트를 확인할 수 있다.

감동을 만드는 출발점

팬심의 첫 출발을 우연에 가까운 터칭의 순간이라고 말

하였지만 사실 우연은 없다. 미리 준비된 팬아이콘의 열정과 노력은 기본이다. 대충 만들어 놓은 제품이, 노력하지 않은 가수의 퍼포먼스가, 성급하게 출시한 서비스가 팬덤을 만들 수는 없다.

그런데 온 힘을 다해 만들지 않고 세상에 나온 제품이 있을까? 대부분의 제품과 서비스, 아티스트와 크리에이터는 오리지널 트루 스토리를 갖고 있다. 그런데 어떤 것은 팬의 지지를 받고, 어떤 것은 팬의 관심을 받지 못하고 사라진다. 무엇이 이들을 갈라놓을까?

입덕의 순간은 소비자가 얼핏 보는 순간에 있지 않다. 눈과 귀, 때로는 입을 사로잡는 감각적인 순간에서 느끼는 감정은 그저 관심을 사로잡을 뿐이다. 입덕의 순간은 팬아이콘의 진정성을 이해하는 그 순간에서 온다. 터칭을 위해서는 일반 소비자가 만족할 수준을 넘어 감동을 이끌어 낼 수 있는 강한 임팩트가 필요하다. 감동을 만들기 위해서는 처음의 출발점부터 달라져야 한다. 남들보다 더 높은 수준을 목표로 세우고, 이것을 위해 어떤 노력을 하는지에 따라 팬들이 터칭할 수 있는 모멘텀이 만들어진다. 이것이 팬덤 운영의 가장 첫 번째 인사이트다.

여기 진공청소기를 만드는 회사가 있다. 이미 시장에는

수많은 진공청소기가 있다. 저가부터 고가까지 디자인도 천차만별이고 가격 또한 다양하다. 그렇다면 입덕을 만들어 내는 청소기는 어떻게 팬들의 마음을 움직일까?

다이슨, 실패에서 찾아낸 차이

압도적인 디자인과 기술력으로 만든 진공 모터의 힘! 다이슨이 이끌어 내는 터칭은 매우 직관적이다. 청소기를 켜자마자 투명 먼지통을 통해 청소기가 얼마나 강력하게 작동되는지 눈으로 직접 확인할 수 있다. 제품을 사는 순간 즉시, 소비자에서 팬으로 터칭의 순간이 이루어진다.

다이슨이 집중한 것은 소비자의 가전제품 사용 경험이다. 다이슨이 진공청소기를 만들어 출시하기까지 500번이 넘는 실험을 하고 시제품을 5,000개 이상 만들었다는 스토리는 유명하다. 수많은 연구와 시행착오 끝에 결과물을 통해 사용자에게 감동의 경험을 준 것이다.

팬아이콘이 팬을 만들기 위해서는 다이슨의 사례처럼 최고 수준의 결과물을 통해 진정성 어린 노력과 집념을 드러내야 한다. 처음에는 최종 결과물에 관심을 기울였던 팬들은 이러한 결과물을 위해 노력해 온 팬아이콘의 진정성 어린 스토리에 감동하게 된다.

수많은 팬아이콘 지망생이 흔히 간과하는 것이 있다. 완벽한 결과물을 팬들에게 보여야 한다는 강박 때문에 오히려 팬들이 바라는 정보를 놓치는 것이다. 대부분의 홍보기사는 실패의 과정을 숨기고 결과물의 가치만을 부각한다. 그러다 보니 그 뒤에 있는 진정성 어린 모습은 오히려보이지 않는다. 물론 최고 수준의 결과물은 그 자체로도 팬들에게 감동과 열렬한 지지를 이끌어 낸다. 그렇지만 소비자를 넘어서는 팬을 만들기 위해서는 결과에 도달하는 과정을 함께 보여 줘야 한다.

아는 것이 팬힘(팬심)이다

팬아이콘에게 감동을 받은 팬은 팬아이콘에 대해 더 알고 싶다. 팬아이콘의 진짜 이야기에 관심을 갖고 홈페이지를 방문하고 매체들을 뒤지면서 히스토리와 최근 소식을 공부한다. 팬들에게 있어 팬아이콘의 알려지지 않은 이야기는 연구 대상이고 이를 알아 가는 것 자체가 팬 활동이다.

BTS 팬덤에서 중요하게 다루어지는 '보라해'라는 말이 있다. 2016년 3기 아미ARMY 팬미팅에서 팬들이 응원봉에 보라색 봉투를 씌워 이벤트를 진행했는데 이를 본 멤버 뷔가 "보라색은 빨주노초파남보의 마지막 색깔"이라면서 "상대방을 믿고 서로서로 오랫동안 사랑하자는 의미"라고 말한 것에서 유래했다. 아미들은 '사랑해'를 '보라해' 또는 'I Purple you'라고 말한다. BTS 콘서트 현장이나 팬 이벤트 현장이 온통 보라색으로 가득 찬 광경을 목격할 수 있다. BTS 굿즈에서도 보라색을 주로 사용한다.

'보라해'는 BTS가 팬들과 만들어 낸 소통의 콘텐츠이자 팬들만 아는 스토리다. 이처럼 팬아이콘과 팬의 소통에서 탄생한 독창적인 콘텐츠는 팬들이 공부하며 팬심을 키우는 중요한 요소가 된다. 팬아이콘의 독특한 스토리는 팬들에게 찾아내는 재미와 함께 팬아이콘에 점차 몰입하게 되는 동기를 제공한다. 팬에게는 아는 것이 힘이 아니라, 아는 것이 팬심이 된다. 팬덤 운영을 위한 두 번째 인사이트다.

PXG 골프 클럽에 담긴 독특한 철학

2015년 첫 제품을 출시한 PXG^{Parsons eXtreme Golf}는 골프 클럽을 생산한 지 8년 만에 세계 8위 골프 브랜드로 성장하였다. PXG는 IT 재벌이자 골프 애호가인 밥 파슨스가 마음에 드는 골프 클럽을 직접 생산하겠다고 결심하고 골프 회사를 설립한 데서 시작되었다. 그는 경쟁사의 골프 클럽 디자이너와 개발자를 스카웃하여 프리미엄 골프 클럽 생산에 도전하였고, 유명 골프 선수들도 대거 영입해 마케팅을 펼쳐 팬덤 유치에 성공한다.

PXG 골프 클럽은 네 자릿수의 암호 같은 고유 번호를 가지고 있는데 이는 미 해병대의 주특기 번호로, 골프 클럽에 군대식 이름을 붙인 것이다. 아이언은 0311(소총수), 우드는 0341(박격포), 하이브리드는 0317(저격수), 드라이버는 0811(포병) 등 네 자릿수의 숫자를 붙여서 골프에서 전쟁을 연상하게 하는 독특한 브랜드 철학을 보여 준다. 밥 파슨스는 미 해병대 출신으로 골프 클럽 헤드 밑면에 배치된 해골 문양은 그가 베트남전 참전 당시 속해 있던 26연대를 상징한다. 팬들은 이러한 숨겨진 뒷이야기를 찾아서 공유하며 창업자가 얼마나 골프에 진심이며 PXG가 얼마나 대단한 골프 클럽인지 설파한다.

창업자가 이처럼 혼신을 다해 세계 최고 골프 클럽을 만들고자 하는 PXG의 진정성은 오리지널 트루 스토리가 되어 다시 또 많은 팬들에게 어필하고 팬덤을 키운다. PXG 클럽을 구매하는 팬들은 PXG가 지향하는 '최고의 골프 클럽'이라는 가치에 공감하고 PXG의 브랜드 스토리를 공유한다.

　팬들은 스토리에 목마르다. 아이돌 팬들은 덕질이라는 이름으로 팬아이콘의 사진과 정보를 탐색하고 최신 소식을 알고자 한다. 덕질에는 이렇게 알게 된 정보를 다른 팬들과 공유하는 행위도 포함된다. 전도사로서 가장 앞선 정보를 아는 것은 팬으로서의 힘이 된다. 많이 알아서 누군가에게 인정받는 것이 아니라 그 자체로써 내적인 보상을 받는다. 이때 팬덤 콘텐츠가 어떠한 가치를 반영하는지는 매우 중요하다. 팬들이 알고자 하는 팬덤 콘텐츠가 팬아이콘 진정성이 듬뿍 담긴 새로운 정보들이어야 비로소 팬들이 공감하고 다른 사람들에게 열정적으로 전파할 수 있기 때문이다.

팬피어와의 연결 고리

　'팬'을 생각할 때 대부분의 사람들이 히키코모리(은둔형 외톨이)를 떠올리곤 한다. 좋아하는 팬아이콘만을 생각하며 온종일 컴퓨터 앞에 앉아 팬아이콘의 정보만 검색하는 사람으로 오해하는 것이다. 그런데 팬은 사실 일반적인 사람들보다 훨씬 외향적이다. 적어도 내가 인터뷰했던 BTS 찐팬들은 그러했다.

팬들이 팬들 내부와 외부에서 타인과 공감대를 이루는 것은 팬덤 프레임워크에서 가장 핵심적이다. 여기에서 팬덤 운영에서 매우 중요한 세 번째 인사이트를 발견할 수 있다. 그것은 바로 팬아이콘이 팬들에게 팬 내외부 사람들과 소통할 수 있는 연결 고리를 만들어 주는 것이다.

BTS 팬인 아미들을 인터뷰할 때는 대부분 두세 명씩 무리를 지어 만났는데 팬아이콘의 이야기를 자연스럽게 나누기 위해 그들이 초대한 패널들과 함께 했다. 이러한 팬덤 집단은 소집단으로 구성되어 있어 커뮤니티보다는 팬피어라고 부르는 것이 더 적절하다. 이 팬피어는 대부분 또래 집단으로 구성되지만 20대와 40대가 콘서트장에서 만나 교류하는 등 연령대가 크게 중요하지 않기도 하다. 보다 중요한 것은 같은 팬아이콘을 좋아하는 팬심으로, 팬피어의 교감은 함께 하는 활동을 기반으로 한다. 이들은 콘서트, 팬미팅, 생일 축하 카페 방문 등의 팬 활동을 함께 하는데 이는 종교 행사에서 집회나 합동 예배를 함께 하는 것을 연상시킨다.

브랜드 마케팅에서 커뮤니티 행사를 주관할 때 대규모 행사를 통해 각종 사은품을 배포하거나 온라인 퍼포먼스 마케팅 중심의 활동을 진행하는 경우가 있다. 하지만 팬덤 마케팅에서 중요한 것은 일방향의 대규모 홍보가 아닌 팬 피어 단위의 소통과 공감이다. 팬들이 원하는 소통의 자리는 팬아이콘에 대해 그들의 입으로 이야기할 수 있는 기회이지, 팬아이콘의 이야기를 일방적으로 듣는 자리가 아니다.

제품과 서비스 브랜드에서도 이러한 새로운 개념의 팬덤 마케팅 진행되는 것을 목격할 수 있다. 영국 비누 브랜드 러쉬Lush의 한국 지사, 러쉬 코리아는 팬피어 단위로 소통과 협력의 미션을 통해 팬덤을 넓혀 가는 활동을 하고 있다.

브랜드 앰버서더 '젤러쉬'

러쉬는 1995년 영국에서 두피 전문가 마크 콘스탄틴과 뷰티 테라피리스트 리즈 위어가 공동 설립한 비누 회사이다. 핸드메이드 화장품 브랜드로 비누와 입욕제 등을 판매하는 러쉬는 동물실험 반대, 포장재 최소화 등 환경 보호 가치를 추구하는 친환경 기업이다. 지금은 전 세계 약

50개국에 900개가 넘는 글로벌 매장을 운영한다.

러쉬 한국 지사에서는 팬덤을 활용한 마케팅을 진행하였는데 러쉬 코리아 브랜드 팬클럽 '젤러쉬'가 그것이다. 2018년 처음 시작된 젤러쉬는 2023년까지 6기가 운영되었고 기수당 50명 내외를 모집하여 팬피어 마케팅을 전개 중이다.

젤러쉬라는 말은 질투를 의미하는 'Jealousy'와 브랜드명 러쉬의 합성어로, 질투가 날 정도로 러쉬스러운 사람이라는 의미를 담고 있다. 주요 활동은 환경과 동물, 사람이 조화롭게 살아가길 바라는 러쉬의 이념과 가치에 공감하고 이를 자유롭게 온라인상에서 공유하는 것이다.

러쉬 코리아에는 젤러쉬를 브랜드 앰버서더^{Brand Ambassador}라고 부른다. 흔히 앰버서더라는 말은 국가적으로는 외교적으로 국가를 대표하는 사람이며, 마케팅에선 브랜드를 대표하는 사람을 뜻한다. 팬덤의 용어로 번역하자면 팬아이콘을 대표하는 혹은 대신하는 사람이라는 말이다.

러쉬 브랜드 앰버서더들은 젤러쉬 활동 기간 동안 유기 동물 산책 봉사, 비건 클래스, 플로깅 등 다양한 브랜드 가치 체험 행사를 함께하며 이를 SNS로 널리 알리는 역할을 수행한다. 소규모 팬피어 활동이 외부 팬덤을 모으는 활동으로 이어지는 것이다.

팬아이콘은 소규모의 팬피어들에게 팬아이콘의 가치를 타인과 나눌 기회를 만들어 줘야 한다. 그럼 팬들은 그들에게 주어진 사명을 다하고 팬아이콘을 위해 기꺼이 봉사할 것이다. 팬피어와 함께 하는 즐거움은 팬덤을 더욱 단단하고 지속적으로 만들며 팬아이콘의 가치를 더욱 높여주는 구심점이 된다. 팬심은 팬들이 팬아이콘의 가치를 말하는 것을 통해 증명되고 더 큰 팬덤을 불러옴으로써 팬들의 사명은 완수된다. 팬이 공감하고 말하도록 하는 것이 곧 팬덤 운영이다.

팬아이콘의 정보 공유 속도와 타이밍

팬들은 팬아이콘의 성공을 누구보다 바라며, 틈만 나면 그들의 성공을 위해 자신이 무엇을 기여할 수 있는지 찾아본다. 팬 자신이 헌신할 준비가 되어 있기에 팬들은 당당히 팬아이콘에게 가장 빠른 소통을 요구하며 특별한 존재가 되고자 한다. 팬들은 스스로 부여한 사명감으로 팬아이콘에 대한 긍정적 영향력을 넓히고 팬덤을 키워야 한다고 자신을 채찍질한다.

일부 팬들은 팬아이콘의 알려지지 않은 사적인 정보를 알 수 있는 권한을 가지고 있다고 착각한다. 스토킹이나 과도한 팬심이라고 사회적 지탄을 받는 대목이기도 하다. 팬덤을 운영할 때 고려해야 하는 네 번째 인사이트는 바로 팬아이콘과 팬 사이의 '특별한 거리감'이다. 여기서 팬아이콘의 정보 공유 속도와 타이밍이 관건이 된다. 팬아이콘은 모든 내용을 팬과 소통할 수도 없고 소통하는 것이 무익하다. 그렇지만 일정 정도의 거리를 두고 팬과 소통하는 것은 팬덤을 강화하고 팬덤을 운영하는 데 있어서 매우 중요하다.

최근 팬클럽은 팬과 팬아이콘 간 소통의 거리감을 명확하게 구분하여 운영된다. 팬은 팬클럽의 범주에서 팬아이콘과의 거리를 두고, 팬클럽에 가입하지 않은 이들과도 구분되는 선에서 그들만의 의무와 사명을 다한다. 정보를 얻는 것도, 정보를 기반으로 팬아이콘에게 영향을 주는 활동을 하는 것도 팬클럽이 정한 범주 내에서 수행된다.

팬클럽이 만들어진 이유는 팬 개인의 힘을 넘어 집단의 힘으로 팬아이콘과 소통하기 원하는 팬들의 마음에서 출발한다. 집단의 힘을 가진 팬덤은 팬이 팬아이콘에게 보다 많은 영향력을 행사할 수 있고, 팬아이콘 또한 팬들과 빠르고 공식적인 방식으로 소통한다.

다만 팬클럽의 문화는 대부분 대중음악 분야에서 성공을 이루었고, 제품이나 서비스 브랜드의 경우에는 크게 성공한 사례가 없다. 앞서 언급했던 배달의민족 배짱이나 러쉬의 젤러쉬 등 일부 성공한 사례들은 있지만, 대부분의 기업 브랜드 팬클럽은 중장기적으로 운영하여 크게 성공했다기보다 단기간 마케팅 프로모션의 성격으로 운영되고 있는 것이 현실이다.

기업 입장에서는 외부 소비자 단체와 유사한 팬클럽과의 소통이 불편할 수 있었던 것이 사실이다. 그동안 기업의 팬클럽은 그 특성상 고객센터와 유사하게 분류되었고 기업 고객센터는 전통적으로 고객의 불만을 접수하고 후속 대응을 고민하는 부서였기에 고객의 목소리는 그 자체로 부담이었다. 그런데 팬덤의 중요성을 먼저 깨닫고 성공적으로 팬클럽을 운영한 기업이 있다. 바로 샤오미이다.

샤오미의 파트너 팬클럽, 미펀

2010년부터 샤오미는 자체 개발한 안드로이드 기반 운영체제 'MIUI'를 탑재한 전자 제품을 생산, 판매하기 시작했다. MIUI는 샤오미 생태계 구축의 핵심 플랫폼으로 불리는데, 다른 가전 제품 회사에서 MIUI를 탑재하면 샤오미 온라인 스토어에서 판매하는 것이 가능하다.

샤오미가 소프트웨어를 중심으로 전자 제품을 연결하는 독특한 생태계를 구축하는 동안 샤오미를 지지하고 응원하는 팬덤이 생겨났다. 바로 회원수만 천만 명이 넘는 공식 팬클럽 미펀^{MIFEN}이다. 샤오미는 팬덤을 절묘하게 활용하는 팬덤 커뮤니티를 운영한다.

샤오미 홈페이지에 있는 기업 문화 소개 첫 문장은 'Just for Fans!'다. 샤오미의 기업 철학과 동력의 기원에는 팬심이 있다. 샤오미를 지지하고 응원하는 팬은 샤오미 커뮤니티 활동에 따라 등급을 받게 되고, 등급별로 지급되는 쿠폰을 통해 신제품을 구매할 수 있다. 등급 점수는 구매, 댓글, 오프라인 활동 등에 따라 부여되며 온라인 배지와 엠블럼 등으로 등급의 위상을 표시한다. 포인트를 쌓으면서 리워드를 받는 게이미피케이션^{Gamification} 방식으로 팬덤 커뮤니티를 운영하고 있는 것이다.

이렇게 모인 팬덤은 더 큰 팬덤으로 커지고 저가의 가성비 제품 판매를 추구하는 샤오미는 광고 마케팅 비용을 전체 비용의 1% 미만으로 줄일 수 있었다. 2016년 샤오미

창립 6주년 행사였던 미펀제 할인 이벤트에서는 약 2시간 만에 2,500억 원 이상의 매출을 올렸다.

현재 샤오미는 중국 내륙 고객을 대상으로 하는 커뮤니티 '샤오미서취'와 글로벌 고객을 대상으로 하는 '샤오미 커뮤니티' 두 개의 공식 커뮤니티를 운영한다. 하위 제품 수별로 75개 이상의 커뮤니티가 존재한다. 그런데 미펀 팬클럽을 샤오미의 상술로 오해하지는 말아야 한다. 샤오미 레이쥔 회장을 비롯한 임직원들은 미펀을 샤오미의 동료이자 파트너로 인식한다. 샤오미는 제품 개발부터 마케팅과 홍보, 품질 관리 등 모든 분야에서 미펀과 적극 소통하고 의견을 반영한다.

샤오미의 팬클럽은 매우 혁신적인 사례로 유명하지만 그 뒤를 잇는 글로벌 기업 팬클럽의 사례는 많지 않다. 왜 그럴까? 샤오미 팬클럽 성공의 비밀은 기업이 팬덤을 바라보는 시각에서 출발한다. 샤오미는 팬덤을 파트너로 인정하고 샤오미의 성공이 곧 팬파트너의 성공이라 생각할 정도로 상호 공동 운명체로서의 역할을 인정한다. 그들에게 고객센터는 불만을 접수하는 곳이 아니라 파트너와 소통하는 창구가 된다.

팬들이 바라는 것은 특별한 혜택이 아니다. 팬아이콘의

더 많은 정보를 더 빠르게 받을 수 있을 것, 팬들이 바라는
의견을 팬아이콘이 소중히 받아들여 더 나은 결과물을 내
는 데 반영할 것. 팬덤이 바라는 소통은 명확하다. 겉으로
는 팬 바라기라고 외치는 기업들이 팬 의견을 수용하는 데
두려움을 가지고 있다는 것은 찐팬을 모으고 팬들과 함께
성공할 준비를 아직 마치지 못했음을 의미한다. 팬아이콘
의 진정성은 팬들을 파트너로 받아들이는 개방성과 포용성
에 있다.

스타는 팬이 지키고 키운다

  팬은 자신이 지지하고 응원하는 팬아이콘이 더 많은 관
심과 사랑을 받아 스타로 성장하기를 원한다. 팬과 팬아이
콘이 연결된 세계관에서 팬아이콘의 궁극적 목표는 스타
가 되는 것이다. 이는 대중문화뿐만 아니라 기업 마케팅에
서도 적용되며 팬아이콘이 성공을 거둬 더 많은 사람들로
부터 응원받는 존재가 되는 것은 팬아이콘이 마지막에 도
달해야 할 최종 이미지가 된다.
  물론 스타는 대중문화와 스포츠에서 생겨난 말이기에

대중 매체의 영향을 매우 크게 받는다. 혹자는 대중 매체가 스타를 만든다고 하지만 스타는 팬들에 의해 만들어진다. 팬덤의 인정을 받기 위해서는 홍보, 마케팅 등의 노력도 중요하지만 실제 풀뿌리 팬들과의 소통을 통해 팬덤을 확보하는 것이 필수적이다.

자본력과 시장 분석력이 탁월한 미국 대중음악 레이블이 왜 여전히 지역 투어를 통한 팬들과의 직접적인 대면에 집중하겠는가? 팬들이 터칭하고 몰입하며 동일시하여 이루어 낸 팬덤은 숭배와 헌신으로 스타 브랜드를 만든다. 스타를 키우고 지키는 팬들의 노력은 음악이나 스포츠에서뿐만 아니라 기업의 제품과 브랜드에서도 나타난다.

허니버터칩 팬덤 신화

허니버터칩은 해태제과에서 2014년에 내놓은 제품이다. 당시 오리온과 농심에 밀려 고전을 면치 못하던 해태제과가 일본 가루비제과와 합작해 국내 출시한 달콤하고 고소한 포테이토칩 제품이다. 이 제품은 국내 출시 3개월 만에 50억 원 매출을 달성했고, 밀려드는 주문에 생산 공장 증설을 거듭하면서 대한민국 제과 업계에 '허니버터칩 대란'이라는 신화적 팬덤을 만들어 냈다.

허니버터칩의 성공 요인은 크게 세 가지로 파악된다. 첫 번째는 당시 주류를 이루고 있던 감자칩의 짭짤한 맛을 과감하게 탈피해 허니의 달콤함과 버터의 고소함을 더한 제품이라는 점이다. 맛은 곧 새로운 자극으로 소비자들에게 받아들여졌고 팬덤이 생겨났다.

두 번째는 초기의 생산량이 소비자 수요량을 따라가지 못해 한정된 수의 제품이 매장에 뿌려지면서 구하고 싶어도 구할 수 없는 제품의 희소성이 만들어졌다는 점이다. 허니버터칩은 줄 서서 구할 수밖에 없는 팬덤 제품이 되었다.

세 번째는 SNS를 통해 제품 구매 인증이 퍼지면서 입소문 마케팅이 시작된 것이었다. 허니버터칩은 팬들이 스스로 온라인에 구매 인증과 맛 인증을 올리는 희한한 제품이 되었다.

허니버터칩은 이내 팬덤 제품이 되었고, 인기 절정에 오른 스타 과자가 되었다. 출시 5개월 만에 200억 원이 넘는 매출을 기록했고, 모회사인 크라운제과의 주가는 한 달 동안 52%나 뛰어올랐다. 특히 국민 과자 새우깡을 제친 기록은 전무후무하다. 많은 사람들이 허니버터칩 팬덤에 놀랐고, 입소문 마케팅을 극찬했다.

사실 허니버터칩의 성공은 R&D(연구와 개발) 팀에서 치밀하게 조사한 소비자의 입맛과 이를 구현하기 위한 2년간의 제품 개발 투자가 있었기 때문에 가능한 일이었다. 팬들은 이러한 비하인드 스토리를 입소문으로 알렸고, 어렵게 구한 허니버터칩의 인증샷을 자랑스럽게 올리며 어디서 구할 수 있는지 정보를 공유하였다. 해태제과가 생산 라인을 증설하고 나서야 비로소 과자 공급이 원활해지고 그 소동은 끝이 났다. 한때의 해프닝처럼 허니버터칩 팬덤은 사라졌다.

허니버터칩 팬덤은 아직까지도 포켓몬 빵, 꼬꼬면 등과 함께 회자되는 식음료계의 스타 브랜드 팬덤으로 남아 있다. 이들은 엄청난 팬덤 소비자를 불러온 사례인 동시에, 한때 반짝한 브랜드로도 유명하다. 식음료 산업의 특성상 빠르게 카피캣이 나오고 생산이 원활해지면서 사라진 팬덤 현상이었다. 초기 팬덤의 열광은 그 이후를 지키기 어려웠고 대체재가 나타나면서 팬덤은 약화됐다.

팬덤의 단계별 성장과 육성

팬의 심리는 흐름을 가지고 있다. 팬심은 갑자기 몇 단계씩 뛰어넘어 급발진하지 않는다. 물론 몇 단계가 동시에 지나가면서 빠르게 팬심이 심화되기도 하지만, 대부분 각 단계를 거치면서 팬심은 점차 깊어지고 찐팬으로 각성하게 된다. 또한 팬들은 여러 단계의 팬들이 상호 작용하면서 미디어나 피어 집단의 영향을 받아 성장한다. 어떤 경우는 터칭을 시작하는 단계에서 피어 집단의 영향으로 몰입의 단계를 빨리 거치고 동일시와 추앙의 단계로 급성장하기도 한다.

팬이 겪는 심리적 단계는 팬아이콘과의 공감과 소통을 통해 발전되는 만큼, 팬덤이 도달한 단계 역시 팬아이콘과 동반 성장한다. BTS 팬덤은 글로벌로 성공한 단계에 이르렀고 BTS 또한 이미 스타가 되었지만 개인별 팬심 단계는 다 다를 수 있다. 다만, 주된 팬층을 기준으로 팬덤 단계가 어느 수준에 있는지 알아봄으로써 팬아이콘이 어떻게 팬덤을 운영할 것인지에 대한 전략을 세울 수 있다. 팬덤 프로세스별로 팬아이콘이 팬들과 어떻게 소통하고 무엇을 제공해야 하는지 알아보자.

1단계 : 현재 팬덤 단계 확인

팬덤 프레임워크에 따른 팬덤 프로세스를 운영하기 위한 첫 단계는 현재 팬덤 단계가 어디에 있는지를 파악하는 것이다. 팬들을 심리 단계에 따라 구분할 때, 대다수 팬들의 심리가 어느 단계인지 확인하고 이를 바탕으로 소통 전략을 세우는 것은 팬덤 프로세스의 출발점이자 앞으로의 전략을 수립하는 기저선이 된다.

가령, BTS 팬들의 팬심은 5단계인 헌신을 넘어서 진화하고 있는 중이다. BTS를 이제야 알고 1단계 터칭을 시작하는 팬들도 있겠지만 이들을 주요 타깃으로 팬덤을 운영할 수는 없다. 반대로 지금 막 출시된 신제품이 팬의 추앙과 헌신을 바라는 것 또한 우스운 일이 될 것이다. 알지도 못하는 브랜드에서 성숙한 팬덤을 기대한다는 것 자체가 말이 안되기 때문이다. 이렇듯 현재 팬덤에 대한 정확한 진단과 그 활용은 팬덤 프로세스를 운영하는 데 있어서 매우 중요하다. '곰표'는 팬아이콘의 팬덤에 대한 정확한 진단으로 리브랜딩에 성공한 사례이다.

곰표 리브랜딩과 콜라보 팬덤

곰표는 1952년 설립된 대한제분의 산하 브랜드다. 둔중한 백곰과 흰색, 녹색, 노란색이 어우러진 브랜드 컬러, '곰표'라는 고딕체 글씨가 큼지막하게 들어간 브랜드 로고는 어딘지 모르게 촌스러우면서도 친숙하고 귀여운 인상을 준다.

팬덤과 사뭇 거리가 있어 보이던 곰표는 어느 날 갑자기 우리 일상에 등장했다. 2017년 아이돌 그룹 슈퍼주니어의 멤버 신동이 곰표 상표가 크게 쓰인 티셔츠를 입고 나오면서 곰표 브랜드는 다시 주목받기 시작했다. 사실 신동이 입은 옷은 빅사이즈 전문 온라인 의류업체 4XR이 곰표의 상표를 무단으로 도용해 제작한 티셔츠였으며 일종의 브랜드 뒤틀기 기법으로 고안된 제품 중 하나였다.

여기서 대한제분의 선택은 좀 달랐다. 4XR에 항의하는 대신 브랜드 콜라보레이션을 제안한 것이다. 당시 곰표 브랜드의 팬덤은 거의 전무한 상황이었다. 밀가루 제분 기업으로서 과거의 영광만 있을 뿐 2000년대 소비자에게 곰표는 팬아이콘으로서 어떠한 존재감도 없는 브랜드였다. 흰색 곰 그림과 곰표 로고만이 여전히 강렬한 인상을 주고 있을 뿐이었다. 곰표는 70년 가깝게 노화된 브랜드가 소비자에게 어필할 수 있는 가능성을 새로운 마케팅 전략으로 활용하기로 한다.

대한제분은 2030세대에서 브랜드의 최초 인지도를 높이려는 시도를 한다. 처음 4XR과의 콜라보에서 곰은 덩치 큰 이미지로 어필했다. 그리고 내부 조사를 통해 '흰색' '밀' '레트로' 등을 키워드로 하여 더욱 다양한 제품군과 브랜드 협업을 진행한다.

흰색은 아이스크림, 치약, 팝콘, 화장품, 밀은 맥주와 후라이팬, 레트로는 문구류 등과의 콜라보가 이루어졌다. 곰표는 2030세대가 좋아하는 '뉴트로New+Retro(오래되었지만 리뉴얼을 통해 새로운 것으로 받아들여진)' 브랜드로 거듭난다. 70년 넘게 밀가루를 만들어 온 진정성의 스토리를 기반으로 팬덤 터칭을 만들어 낸 것이다.

콜라보 제품은 곰표 팬덤에서 일종의 굿즈와 같은 역할을 수행한다. 곰표라는 IP^Intellectual Property(지식재산권)와 연계된 MD^Merchandising 제품은 팬덤을 강화하고, 팬들이 숭배하고 헌신할 수 있는 팬덤 스토리를 만들어 낸다.

대한제분이 콜라보 사은품으로 밀가루 한 포대를 보냈다고 하는 일화는 곰표라는 팬아이콘의 진정성을 잘 보여준다. 곰표라는 팬아이콘의 팬으로 각성한 이들은 곰표 브랜드가 들어간 제품을 탐색하고 SNS에 공유했다. 편의점 냉장고에는 곰표 맥주와 곰표 막걸리가 진열되었고, 냉동고에는 곰표 밀눈 아이스크림이 들어갔다. 결과적으로 곰표 브랜드 콜라보 제품 수만 30개가 넘으며, 브랜드 인지도 또한 두 배 넘게 성장했다. 매출 역시 상승했음은 물론이다.

곰표는 현재의 팬덤을 진단하여 이에 맞는 팬덤 프로세스를 운영했다. 이는 팬덤이 발전하고 더 많은 팬이 모일 수 있는 첫걸음이다. 앞으로 곰표가 어떻게 건강하고 가치 있는 팬덤 프로세스를 운영하여 더 큰 팬덤으로 발전할 수 있을지 기대된다.

2단계 : 팬덤 목표 방향 설정

현재 팬덤의 단계를 진단했다면 다음 목표 방향을 설정해야 한다. 이 단계에서 주요 과제는 앞으로 팬들과 어떤 소통을 할지 결정하는 것이다. 팬아이콘은 현재의 팬심이 다음 단계로 이동할 수 있도록 그에 맞는 팬 콘텐츠, 팬덤 플랫폼, 팬 소통 이벤트 등을 만들어 내야 한다. 한번에 모든 과정을 다 준비하기에는 비용도 문제지만 팬심이 미처 따라오지 못할 수도 있다. 각 단계에 맞는 방향 설정이 중요한 이유다.

앞서 언급한 대한제분 팬덤은 터칭조차 시작하지 못한 제로(0)의 감정가를 가지고 있었다. 제로의 팬심은 무한한 가능성을 가지고 있다. 대한제분은 팬심을 최초로 움직이는 터칭에 집중하면서 다양한 브랜드와의 콜라보를 통해 재미와 의미를 동시에 잡으며 최초의 팬심 감정가를 만들어 냈다.

팬덤 프로세스 운영의 목표와 방향에 대한 전략이 결정되었다면 단계별로 팬심을 충족시키기 위한 구체적 육성 프로그램이 필요하다. 육성이라는 말을 쓰는 이유는 팬덤의 심리가 성장하는 유기체와 같기 때문이다. 팬의 마음은 태어나고 또 성장한다. 또 언젠가 성장을 멈추고 소멸하기도 한다. 팬심은 육성의 대상이다. 팬심의 각 단계에서 팬아이콘은 팬덤 목표를 면밀하게 검토하고, 필요한 팬아이콘 요인들을 기반으로 팬과 소통해야 한다.

갓 데뷔한 대중문화 아티스트 또는 처음 출시된 기업의 제품이나 서비스는 소비자들과의 첫 접촉을 통해 팬심의 터칭을 만들어 내는 것에 집중한다. 팬심의 터칭은 결국 팬아이콘이 팬과 만나는 접점에서 발생한다. 팬아이콘은 온오프라인을 통해 최대한 그들의 제품과 서비스를 노출시켜야 한다. 그뿐만 아니라 자신의 진솔한 스토리를 계속 들려주어야 한다. 그리고 어떤 지점에서 팬들에게 감동을 줄 수 있을지 고민해야 한다.

팬들의 관심을 불러일으키는 것에는 성공했지만 아직 몰입 단계로 팬들을 이끌지 못한 팬아이콘은 팬들이 이해하고 공감할 만한 팬스토리를 준비해야 한다. 우리는 데뷔를 하여 관심을 끈 많은 아이돌 가수들이 그다음 단계로 넘어가지 못하고 사라져 버리는 경우를 수없이 본다. 데뷔에 성공한 모든 아이돌이 첫 앨범에서 만족할 만한 성과를 얻는 것은 아니다. 이들 중 일부는 두 번째, 세 번째 앨범에서 빛을 보고 많은 팬덤을 모으는 것에 성공하기도 한다.

두 번째, 세 번째, 연속된 도전에서 드디어 성공하는 아이돌의 공통점은 무엇일까?

팬덤 프로세스를 운영하는 관점에서 보면 이들의 근성과 노력을 이해하고 공감하는 팬들이 만들어질 때 비로소 성공의 순간이 가능해진다. 팬아이콘은 자신의 진정성을 어필하기 위해 팬이 덕질을 할 수 있는 콘텐츠를 공개하고 제공해야 한다. 이때 팬덤의 단계는 몰입으로 넘어갈 수 있다.

팬덤은 언제나 커질 준비를 마치고 있다. 중요한 것은 팬아이콘 역할이다. 팬아이콘의 팬덤 프로세스 운영 전략이 무엇인가에 따라 팬심의 단계는 달라질 수 있다. 팬아이콘은 팬덤이 다음 단계로 나가도록 길을 열어 놓아야 한다.

3단계 : 몰입을 넘어 동일시 단계로

팬심이 몰입 단계까지는 진행이 되었지만 팬들이 팬아이콘과 자신을 동일시하지 않는 단계는 팬들이 아직 적극적으로 팬아이콘에 대해 타인에게 말하고 있지 않은 단계에 머물러 있음을 뜻한다. 팬아이콘과 일체감을 가지고는 있지만 타인에게 팬아이콘에 대해 공유하지는 않는 단계인 것이다.

몇 년 전까지만 해도 삼성전자 스마트폰 팬덤에 나타났던 특이한 현상이 있었다. 갤럭시S 시리즈 사용자는 갤럭시에 대해 브랜드 충성도를 가지고 있고 여러 숨겨진 기능을 인터넷에서 열심히 찾아 사용할 정도로 기기에 대한 애착을 가지고 있지만 삼성전자 갤럭시의 팬인지를 물어보는 질문에 선뜻 내가 찐팬이라고 말하지 못하는 경우가 있었다.

합리성이라는 이름으로 팬덤으로서의 각성이 가려진 사례이기도 하지만 팬아이콘이 팬을 팬이라고 불러주지 않았기 때문에 생겨난 문제이기도 하다. 뒤늦게 삼성전자는 갤럭시 시리즈 팬덤을 위한 파티를 여는 등 팬덤으로서의 각성을 이끌어 냈지만 불과 몇 년 전까지만 하더라도 갤럭시 찐팬임을 밝히는 이들이 드문 시기가 있었던 것이다.

여기서 우리는 중요한 시사점을 찾을 수 있다. 팬심의 동일시가 시작되는 순간은 팬들 스스로 시작할 수도 있지만 먼저 팬아이콘이 팬과 자신을 동일시하는 것이 필요하다. 팬아이콘이 팬들을 인식하고 인정하면서 비로소 팬심은 적극적인 동일시의 단계로 진입하게 될 수 있다. 팬아이콘이 팬들을 먼저 알아차리고 적극적으로 하나됨을 추구해야 팬들 또한 팬아이콘과 공동체라는 생각을 가지게 될 수 있다.

4단계 : 동일시를 넘어 숭배와 헌신의 단계로

팬이 팬아이콘과 동일시하고 찐팬임을 스스로 인정하고 있지만 팬아이콘을 위한 구체적인 행동을 하지 않고 있는 경우라면, 팬아이콘이 팬들에게 숭배와 헌신을 할 수 있는 기회를 마련해 주지 못하고 있는 것이다. 동일시의 심리적 경험을 한 팬들은 팬아이콘을 위한 액션을 갈망한다. 대부분의 액션은 구매부터 시작한다. 팬아이콘의 매출을 만들어 주는 것을 통해 팬심의 숭배와 헌신은 1차적 목적을 달성한다. 팬아이콘이 돈을 벌고 이를 통해 더 높은 곳으로 도달할 수 있다는 확신을 가지고 있기 때문이다.

그런데 팬아이콘의 성공을 기원하면서 구매를 할 기회가 많이 없다면 팬들은 액션을 할 수 없다. BTS 팬클럽 아미는 BTS의 신보가 나오면 앨범을 구매하고(대부분 예

약 판매로 사전 구매를 하며), 디지털 음원을 구매하고, 멤버들의 포토카드나 쇼케이스 방청권이 랜덤으로 들어 있는 앨범을 또 구매한다. 적게는 2~3장의 앨범에서 많게는 10~20장의 앨범을 구매하는 것이 일반화되어 있다. 아미 팬들이 할 수 있는 최소한의 헌신과 기여는 본인의 경제적 여유에 따라 BTS 관련 상품들을 사주는 것이다. 여기에서 더 나아가 콘서트를 가고, MD 상품을 사고, 커뮤니티에서 BTS를 찬양하는 등 적극적인 팬 활동을 한다. 팬아이콘은 숭배와 헌신할 수 있는 기회를 계속해서 제공해야 한다.

애플 아이폰 팬덤은 새로운 아이폰 제품이 출시될 때마다 매장에 길게 줄을 늘어서며 인터넷 커뮤니티나 주변 지인에게 아이폰의 새 모델이 얼마나 대단한지 설파하는 것으로 그들의 숭배와 헌신을 증명한다. 팬들이 전도사가 되어 팬아이콘의 대리인 역할을 톡톡히 해내는 것이다.

5단계 : 팬덤 커뮤니케이션

팬심이 5단계를 넘어서면 이제 팬은 육성의 단계라기보다는 파트너이자 동반자가 된다. 이때 팬아이콘은 팬과의 커뮤니케이션 채널을 열고 상시적인 소통에 집중해야 한다. 물론 팬들과의 소통은 즐거우면서도 부담스럽다. 팬은 팬아이콘을 사랑하고 응원하는 고마운 존재임과 동시에, 팬아이콘에 대한 큰 기대를 가지고 영향력을 행사하려 하는 엄중한 감시자이자 비판자가 될 수 있기 때문이다.

그 배경에는 팬아이콘을 추앙하고 헌신하려는 마음이 분명 존재한다. 하지만 팬아이콘이 팬에게 끌려다닐 수는 없다. 그래서 기획사에서 팬클럽을 운영하는 팀은 팬과의 소통을 다소 두렵고 힘들어 하기도 한다. 사실, 팬들과의 소통이 부담스러운 것은 기업 제품이나 서비스 팬아이콘도 마찬가지다. 때로는 팬들이 과도한 요구와 단체 행동으로 위해를 가할지도 모른다는 두려움을 가지고 있다. 그래서인지 일부 기업 팬아이콘들은 팬덤이 이미 성숙도에 이르렀음에도 팬들과의 소통 채널을 만들지 않기도 한다. 팬들을 진정성 있게 대면하는 것 자체가 리스크라고 생각하기도 하는 것이다.

그러나 팬덤 프로세스 운영에서 가장 중요한 것은 팬들과의 소통이다. 팬들이 원하는 것이 무엇인지 아는 것, 팬의 의견과 요구사항에 대해 민감하게 고려하는 팬 지향성이 필요하다. 팬들과 직접 소통하려는 팬아이콘에게만 팬덤을 확장하고 더 큰 성공을 이끌어 낼 수 있는 기회가 주어진다.

3부

팬덤 세계관

터칭을 만드는 팬매력

유튜브 크리에이터, 대중문화 아티스트, 스포츠 선수, 정치인, 종교인 그리고 기업 제품과 서비스에 이르기까지 모두가 팬덤을 원하는 시대다. 팬덤의 규모는 크면 클수록 좋을 것이다. 팬들은 경제적으로 이익을 가져다줄 뿐만 아니라, 팬들이 앞장서서 팬아이콘을 응원하며 더욱 큰 팬덤을 이끌어 준다.

그런데 팬덤을 만들어 내기란 결코 쉬운 일은 아니다. 단 한 명의 팬을 만드는 것도 쉽지 않다. 도대체 무엇을 어떻게 해야 팬을 만들 수 있을까? 누가 또는 무엇이 우리가 바라는 큰 팬덤을 만들어 낼 수 있을까? 팬들이 바라는 팬아이콘은 무엇이고, 팬아이콘에게 바라는 것은 무엇일까?

팬매력의 바탕이 되는 진정성

치열한 경쟁 속에서 어떻게 자신을 팬아이콘으로 알려 나가면서 호감도를 높이고 청중이나 관객 또는 소비자를 팬으로 만들 수 있을까? 일반 소비자를 대상으로 한다면 인지도를 획득하기 위해 홍보, 광고, 프로모션 등을 통해 자신을 노출할 수 있다. 합리적인 의사 결정을 하는 소비자를 바란다면 제품을 잘 만들고 제품의 가격과 효용을 적절하게 맞추고 홍보와 마케팅을 통해 제품을 알려 나가면서 유통과 판매 전략을 적절하게 구사해 시장 내에서 영향력을 미칠 수 있을 것이다. 이것이 일반적인 상품이 소비자에게 최초 인지도를 만들고 고객 선호도를 통해 구매 선택을 기다리는 방법이다.

다만 이러한 전략을 통해서는 '찐팬'을 만들 수 없다. 일반적인 소비자를 모으는 방식으로는 오랜 시간 자연적으로 팬들이 점차 모여 팬덤을 이루도록 기다릴 수밖에 없을 것이다. 상품을 잘 팔 수는 있어도 팬덤을 기대할 수는 없다. 팬덤을 대상으로 한다면 인지와 함께 팬심을 갖도록 터칭의 순간을 만들어야 한다. 팬아이콘은 팬들에게 합리적 의사 결정의 단서를 제공할 것이 아니라 감성적으로 어필하도록 '팬매력^{Fan-attraction}'을 제공해야 한다. 매력 또는 호감도는 팬아이콘이 가져야 할 본질적인 요소다.

팬아이콘이 스스로 팬매력을 만들고자 공통적으로 신경 쓰는 몇 가지 전략은 호감도를 높이는 전략과 일맥상통한다. 외양을 멋지게 만들고, 그것이 성실하고 정직한 것이어야 하며, 팬과 팬아이콘 사이에 공통된 가치를 지향하고 있어야 하고, 물리적이거나 심리적 거리가 가까워야 한다. 팬아이콘이 되고자 하는 이들이 팬매력을 만들기 위해 최선의 노력을 다하고 있음에도 어떤 팬매력은 성공하고 어떤 것은 실패한다. 왜 그럴까?

결론부터 말하자면 팬매력의 가장 근본적인 바탕은 그것이 '진짜'라는 것에 있다. 수많은 팬아이콘의 경쟁 속에서 내가 좋아하는 팬아이콘을 하나 선택할 때 선택 기준은 진짜인가 아닌가이다. 팬덤 인터뷰를 진행하면서 팬들이 "이 오빠들은 찐이에요" "비슷한 브랜드들 중에서 이건 진짜거든요" 등 '진짜'라는 말을 무척 많이 사용하고 있는 것을 목격할 수 있다.

진짜를 좋아한다는 것은 가짜를 싫어한다는 의미가 내포되어 있다. 또 하나, 진짜에서 중요한 것은 팬아이콘의 노력과 진심을 볼 수 있는 행동이 있는가이다. 팬은 진짜와 가짜를 귀신같이 구분한다. 심지어 아티스트의 경우 그것이 소속사가 만들어 낸 가짜인지, 아니면 팬아이콘이 가진 진짜인지를 두고 갑론을박이 벌어지기도 한다. 만일 팬아이콘의 말이나 행동이 소속사가 만들어 낸 프레임 또는 페이크 모션이라고 판단되면 팬아이콘을 보호하려 소속사를 공격하기도 한다. 그만큼 팬아이콘이 진짜인지는 팬들에게 가장 중요한 요소이다.

매력을 이끌어 내는 외모, 성실성, 가치관, 친밀함 이 모든 것이 진짜일 때 팬은 팬아이콘에게 진정성을 느끼고 끌리게 된다. 진짜라는 것은 무엇일까? 팬아이콘이 가진 모든 표현에 녹아 있는 진정성이다. 진정성은 팬들에게 맞추고 따라가는 것도 아니고, 팬에게 보여 주기 위해 겉으로 위장하는 것도 아니다. 팬아이콘이 순수하게 자신의 목표를 세우고 그것을 달성하기 위해 수행하는 모든 행동과 태도에서 진정성은 드러난다. 그리고 그것을 느낄 때 팬들의 마음은 움직인다.

팬과 팬아이콘의 교감, '팬퍼포스'

팬은 팬아이콘이 진짜이길 바란다. 다만 무엇에 진짜이고 진심인지가 팬아이콘을 받아들이는 팬심을 움직이게 한다. 여기에서 중요한 것은 '팬퍼포스Fan-Purpose'다. 퍼포스는 이루고자 하는 또는 이루어야 할 목적의식을 말하는 것으로 영어에서는 '삶의 의미'를 뜻하기도 한다. 팬아이콘이 이루고자 하는 목적의식에 따라 팬들의 마음은 움직인다. 팬심이 발동하는 터칭의 가장 밑바닥에는 팬아이콘이 이루고 싶은 목적의식을 깨닫고 이를 인정하게 되는 팬들의 이해가 숨어 있다.

퍼포스가 가장 명확한 팬덤 분야는 스포츠 팬덤일 것이다. 스포츠 팬덤은 비단 국가 대항전뿐만 아니라 프로 스포츠나 지역 팬덤과도 연계되어 다양한 형태의 팬덤을 만들어 낸다. 이는 비즈니스로도 엄청난 매출과 수익을 낸다. 모든 스포츠팀 또는 스포츠맨이 가진 퍼포스는 승리다. 팬아이콘은 짧은 시간에 모든 역량을 집중해서 승리를 달성하고자 한다.

스포츠 분야에서 퍼포스가 승리라면 승리하는 팀만이 팬아이콘이 될 수 있을까? 우리가 응원하는 팀이 항상 이길 수는 없다. 때로는 승부에서 질 수도 있다. 그렇다면 팬 아이콘이 졌다고 해서 팬덤이 응원과 지지를 멈추는가? 꼴찌는 팬덤을 만들 수 없는가? 그렇지 않다. 때로는 꼴찌도 엄청나게 큰 팬덤을 만들어 낸다.

'꼴찌'가 만든 스포츠 팬덤 '한화 이글스'

대한민국 프로야구 리그KBO는 1982년 출범했다. 처음에는 6개의 구단으로 시작되었는데 1986년 빙그레 이글스 구단이 1군 리그에 추가되면서 7개의 구단이 프로야구 리그에서 경합을 벌인다. 한화 이글스는 바로 이 빙그레 이글스가 1994년 팀명을 바꾼 프로야구 구단이다. 한화그룹 소속 소비재 기업인 빙그레와 충청권을 연고지로 출발한 한화 이글스는 빙그레 시절엔 성적이 나쁘지 않았지만, 한화 이글스 시절부터는 순탄하지 않은 성적을 보였다.

한화 이글스는 1999년 깜짝 시즌 우승을 달성하며 팬 모두를 놀라게 했지만 2009년부터 본격적으로 '꼴찌의 시대'를 맞이한다. 한화는 2022년까지 14년간 무려 8번의 꼴찌를 기록한다. 2018년에 깜짝 3위를 한 적도 있었지만 대부분 하위권에서 고군분투했다.

반전은 한화 이글스에 쏟아지는 팬들의 사랑이 결코 다

른 구단에 뒤지지 않는 수준이라는 점이다. 한화는 팬들이 열성적으로 응원을 보내는 구단으로 명성이 높다. 원정 경기장 3루 응원석은 한화 이글스의 팀 컬러인 오렌지색으로 넘쳐난다. 팬들이 경기 직관 후 SNS에 '나는_행복합니다' '보살팬' '부처팬' 등의 해시태그를 올리는 것으로도 유명하다. 굿즈 또한 높은 판매량을 기록한다. 21세기에 우승을 한 번도 한 적 없는 만년 꼴찌 한화에 쏟아지는 팬덤의 정체는 무엇일까.

프로야구 구단으로서 한화 이글스의 매력은 지는 경기이지만 항상 최선을 다해 아깝게 진다는 점이다. "이기고 있어도 질 것 같고, 지고 있어도 이길 것 같다"라는 한화 팬들의 우스갯소리는 팬아이콘의 매력을 잘 드러낸다. 팬들은 승리를 향한 한화의 엎치락뒤치락 플레이와 비시즌 기간 동안의 노력에 아낌없는 응원을 보낸다. 팬아이콘으로서 한화 이글스의 퍼포스는 승리를 위한 '노력'이다.

스포츠 팬들은 경기 결과 그 자체가 아니라 스포츠 선수나 팀이 승리를 만들기 위해 최선을 다하는 노력, 태도, 역사에 마음이 움직인다. 스포츠 팬덤의 승리 자체는 퍼포스가 아니라 퍼포스의 결과로 이루어지는 것이다. 이러한 퍼포스에 얼마나 진정성이 있는지 이해하면서 팬덤은 팬아이콘의 매력을 받아들이고 지지와 응원을 보낸다. 팬들이 바라는 것은 잘난 팬아이콘이 아니다. 오히려 조금은 부족하지만 성실히 노력해서 최고의 위치로 올라가고 싶은 팬아이콘을 발굴해서 지지하고 응원한다. 중요한 것은 자신들의 목적을 이루기 위해 최선을 다하는 자세다.

이야기의 방향을 기업의 제품이나 서비스에서 만들고 싶은 팬덤으로 돌려 보자. 일반 소비자들은 최종 제품과 서비스가 최고의 품질을 가지고 있을 때 구매한다. 일반 소비자가 원하는 것은 비용 대비 효용의 극대화다. 그러나 팬덤이라면 이야기는 달라진다. 팬덤 소비자는 기업의 제품이나 서비스가 가진 퍼포스를 팬아이콘이 진심으로 추구한다는 것을 이해할 때 구매를 선택한다. 정확히는 구매가 아니라 구매라는 이름의 헌신을 한다.

팬덤 소비자들이 원하는 것은 팬아이콘에게 응원과 지지를 보내 최고의 브랜드를 만드는 것이다. 이들에게 구매는 팬아이콘이 최고의 위치로 오를 수 있도록 헌신하는 것을 의마한다. 팬아이콘은 물론 최종 결과물을 더 좋게 만들기 위해 최선을 다해야겠지만 팬들은 결과물에 따라서만 모이지 않는다는 것을 인식해야 한다. 팬들은 팬아이콘이 실패를 극복하면서 퍼포스를 달성하는 과정을 보고 싶어 한다.

실수도 콘텐츠가 된다

유튜브 채널들은 각각이 하나의 방송 채널이자 하나의 전문 방송국이 되어 가고 있다. 대한민국에만 이렇게 많은 골프 유튜브 채널이 있다는 것을 알고 깜짝 놀랐다. 어떤 채널은 레슨을 하고, 어떤 채널을 경기 중계를 하며, 어떤 채널은 다양한 출연자와 함께 골프의 재미를 보여 준다. 채널이 많다 보니 어떤 채널을 볼지 고르는 것도 일이다. 채널별로 약 30만 명에서 100만 명에 이르는 구독자를 보유한 상위 채널들은 팬아이콘으로의 도약을 꿈꾸며 어떻게 하면 시청자를 팬으로 만들 수 있을지 고민한다.

팬아이콘으로서의 유튜버들은 수많은 경쟁 속에서 자신의 채널을 더 많은 사람이 구독하고 시청하고 '좋아요'를 눌러 주기를 바란다. 그리고 한걸음 더 나아가 구독자들이 자신의 팬이 되어 팬아이콘의 대리인으로서 더 큰 팬덤을 모으기를 원한다. 유튜브 팬덤이 발전하면 고정 구독자와 다양한 팬 이벤트를 통해 수익과 명성을 모두 얻을 수 있을 것이다. 이는 유튜브뿐만 아니라 트위치, 아프리카TV 등 플랫폼에서 콘텐츠를 만드는 대부분의 크리에이터들이 바라는 것이다.

그렇다면 팬들과 어떤 방식의 소통을 해야 팬덤을 모을 수 있을까? 팬아이콘은 팬들의 기호와 취향을 무작정 따라가는 것이 아니라 팬을 이끌 수 있는 힘이 있어야 한다. 팬에게 매력을 보여 주고 진정성을 인정받기 위해서는 먼저 자신의 목적을 명확히 하고 이를 위한 노력과 결과물을 팬들에게 보여 주어야 한다. 여기에는 팬아이콘의 뒷이야기, 알려지지 않은 숨은 스토리도 포함된다. 중요한 점은 뒷이야기가 퍼포스와 관련이 있어야 한다는 것이다.

팬덤을 고려하지 않는 기업이 저지르는 흔한 실수는 최종 결과물만을 잘 정리해서 보여 주는 것이다. 웅장한 배경 음악과 함께 중간 과정과 노력을 멋진 영상으로 편집해서 보여 주려 하거나 기자들을 불러 모아 과장된 화면과 찬양조의 내레이션으로 선전포고하듯 결과물을 홍보한다. 이러한 방식으로 기자나 소비자의 관심을 끌 수 있을지는 모르지만 팬들의 관심을 끌기에는 역부족이다.

팬들이 관심을 갖는 것은 퍼포스를 달성하는 과정에서의 진솔한 이야기다. 실수조차 중요한 소통의 콘텐츠가 된다. 조금 잘못된 방향으로 만들어진 중간 산출물 역시 팬덤을 모으는 데 도움이 된다. 때로는 실수와 실패가 팬들을 더욱 단단하게 만들고 팬아이콘을 응원하는 이유가 될 수 있다. 팬들은 팬아이콘을 대변하는 에이전트이자 에이전시 역할을 해 줄 것이다.

팬과 팬아이콘이 연결된 세계

팬들이 바라는 팬아이콘과의 관계는 무엇일까? 팬은 자신이 좋아하고 지지하고 응원하는 팬아이콘과 어떤 관계를 맺고 싶어 할까? 이 질문들에 답하기 위해서는 팬이 팬아이콘과 관계를 맺고 있는 하나의 세계, 즉 세계관을 이해할 필요가 있다. 팬들이 만들고자 하는 세상을 어떻게 볼 것인가는 팬월드를 이해하는 중요한 마지막 관문이다.

팬덤 세계관은 궁극적으로 팬들이 만들어 내는 것이고 팬의 입장에서 팬아이콘을 해석하는 것이지만 이는 분명 팬아이콘이 지향하는 퍼포스와 맞닿아 있다. 팬과 팬아이콘의 세계관은 팬아이콘이 추구하는 퍼포스를 팬들이 어떻게 받아들여서 그들 사이에 통일된 팬덤 가치관을 만들어 내고, 이러한 가치관을 팬과 팬아이콘이 함께 어떻게 달성하고 발전시키는지 결정하는 데 있어 중요한 핵심 가치^{Core-Value}가 된다.

팬아이콘이 처음 시작하는 세계관

팬아이콘은 그들이 달성하거나 보여 주고자 하는 퍼포스를 갖는다. 그 퍼포스가 높은 상위 가치일수록 이를 지지하고 응원하는 팬들의 수가 많아지고 팬들이 공감하는 정도도 커진다. 팬아이콘의 퍼포스는 시간이 지날수록 변화하며 팬덤이 커질수록 팬아이콘의 퍼포스는 더 크고, 더 높은 가치를 지향한다. 팬아이콘을 따라오는 팬들의 넓이와 깊이에 따라 팬들에게 공감을 얻으려면 더 큰 공통의 가치관을 제시할 수밖에 없기 때문이다.

팬아이콘은 팬들에게 팬덤 세계관을 만드는 스토리를 제공한다. 팬아이콘이 걸어가는 길이 세계관을 만드는 가장 밑그림이 되는 것이다. 팬덤 세계관은 팬아이콘의 퍼포스에서 출발하는 철학적 의미의 가상 세계다. 세계관이 의미를 갖는지의 여부는 팬아이콘이 그것을 달성하기 위해 어떤 노력을 하는가에 달려 있다. 팬아이콘이 세계관을 어떻게 만들 수 있는지 룰루레몬을 통해 알아보자.

룰루레몬이 그리는 세계관

1998년 캐나다 벤쿠버에서 설립된 룰루레몬은 2000년 요가 스튜디오와 함께 첫 오프라인 매장을 열었다. 높은 가격과 품질로 일명 '요가복계의 샤넬'이라는 별명으로 불리는 룰루레몬의 브랜드 철학은 '스웻라이프', 즉 땀 흘리는 삶이다. 이는 룰루레몬의 팬아이콘으로서의 퍼포스이자 그들만이 만들어 낼 수 있는 세계관이다.

룰루레몬은 창업자 칩 윌슨은 자신이 요가복을 입었을 때 느꼈던 불편함을 손수 개선한 프리미엄 요가복을 만들어 출시한 것으로 유명하다. 그들의 핵심 가치는 'Sweat, Connect, Glow(땀 흘리고, 연결하고, 성장하고)'이며, 2023년 기준 전 세계 17개국에서 570개가 넘는 매장을 운영하고 있다.

일상에서 맨손과 매트만 가지고 운동하는 사람들을 위해 디자인된 의류인 룰루레몬은 땀 흘리며 운동하는 사람들의 세계를 대표하는 세계관을 만들어 냈다. 이러한 세계관에 따라 룰루레몬은 전 세계 매장에서 의류를 판매하는 직원들을 '에듀케이터'라고 부른다. 에듀케이터들은 제품 판매뿐만 아니라 운동과 건강한 라이프 스타일을 교육하는 역할을 맡는다.

룰루레몬의 소비자는 운동을 좋아하는 세계관에 이끌려 팬으로 변모하고, 룰루레몬이 만들어 내는 세계관에서 팬덤으로 성장한다. 룰루레몬은 TV 광고를 하지 않는 대신 커뮤니티와 팬덤을 활용해 마케팅 효과를 달성한다. 룰루레몬은 전문 운동선수, 요가 강사, 창의적인 기업가 등을 지역 앰버서더로 선발해 몸과 마음 모두 건강한 삶의 가치를 주변 커뮤니티에 알릴 수 있도록 했다. 앰버서더가 팬아이콘의 대리인이 되어 스웻라이프 커뮤니티를 이끄는 것이다. 룰루레몬 구매자들은 팬덤이 되어 운동을 즐기고 구전을 통해 룰루레몬의 홍보자이자 세일즈맨이 된다.

룰루레몬 홈페이지에는 제품 소개와 함께 다른 곳에서 찾아보기 힘든 '커뮤니티' 메뉴가 있다. 이를 클릭하면 '소셜 임팩트'라는 메뉴가 나오는데 사회의 웰빙을 위해 노력하는 비영리단체 대상 지원금 프로그램인 'Here to be'에 대한 소개와 함께 다양성을 포용하고 평등을 실천하기 위한 룰루레몬의 노력이 소개되어 있다. 룰루레몬은 매장을 적극적으로 활용하며 지역 스포츠 문화와 팬덤을 만드는 데 집중한다. 룰루레몬의 팬은 팬아이콘과 공통의 세계관을 공유하면서 팬덤을 발전시켜 나간다.

룰루레몬의 사례에서 볼 수 있듯이 팬아이콘은 어떤 측면에서는 팬들을 이끄는 세계관의 창설자가 된다. 물론 이러한 세계관이 팬덤과 교감할 수 없다면 모든 노력은 허사일 것이다. 팬과 소통을 이끌어 낼 수 있는 세계관, 다시 말해 진정성을 교감할 수 있는 세계관만이 더 큰 팬덤으로 거듭날 수 있다. 팬덤 세계관의 주체는 팬이다. 룰루레몬이 지향하는 퍼포스를 팬들이 어떤 맥락에서 해석하고 팬덤 세계관으로 받아들일 수 있느냐가 세계관의 핵심이 된다.

사실 팬들에게 상술과 마케팅 전략 그리고 팬덤 세계관은 종이 한 장 차이가 될 수 있다. 상술이라면 외면받을 것이고, 마케팅 전략이라면 소비자에서 팬으로 바뀌지는 않을 것이고, 팬덤 세계관이라면 팬이 먼저 나서서 함께 세계관을 만들어 낼 것이다.

팬 욕구 이론

팬들은 팬아이콘이 지향하는 퍼포스에 집중한다. 물론 결과물이 멋지다면 더 크게 호응하겠지만, 보다 중요한 것은 팬아이콘의 가치관이 지향하는 바다. 팬들은 팬아이콘이 추구하는 가치를 이해하고 받아들이면서 팬아이콘과 연결되는 세계관을 구축한다. 팬아이콘의 퍼포스는 팬덤의 진화와 발전에 따라 변화되며 팬들과의 공감대 또한 더욱 확장된다.

팬퍼포스 : 팬덤의 더 높은 가치 지향성

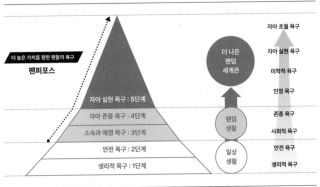

우리는 심리학의 욕구 이론에서 팬덤 세계관이 확장되고 변화되는 과정에 대한 이론적 배경을 찾아볼 수 있다.

인간 욕구 단계 이론은 미국의 심리학자 매슬로우Abraham Harold Maslow가 1954년 발표하였다. 인간의 행동 동기는 인간이 가진 기본적 욕구를 따르고 있으며 이러한 동기에는 위계가 있어서 하위 단계부터 상위 단계로 점차 높은 수준의 욕구에 따라 행동하게 된다는 이론이다.

팬덤에서 욕구 이론을 불러온 이유는 팬들이 원하는 팬 아이콘의 가치가 점차 높아질수록 슈퍼 팬덤으로 발전하기 때문이다. 팬들은 팬아이콘의 성장과 함께 더욱 많은 것을 바라고, 팬아이콘이 자신의 이상을 실현해 주기를 바란다.

매슬로우는 인간의 욕구를 1단계 생리적 욕구, 2단계 안전 욕구, 3단계 사회적 욕구, 4단계 존경의 욕구, 5단계 자아 실현 욕구로 구분하였다. 기본적인 의식주가 해결되면 인간은 점차 고차원의 욕구를 달성하고자 동기 수준을 높인다. 팬덤의 심리는 인간 기본 욕구를 넘어, 3단계 사회적 욕구(소속감, 사랑)에서 출발해서 점차 존경을 얻고자 하는 욕구로 발전한다.

팬들이 터칭을 이루면서 팬심을 발동시키는 단계에서 팬은 팬아이콘을 사랑하고, 팬아이콘과의 관계 속에서 소속감을 갖고자 한다. 이후 팬들은 몰입, 동일시의 심리적 단계를 순차적으로 발전시킨다. 4단계 존경의 욕구에 이르러 팬은 자신이 지지하고 응원하는 팬아이콘이 더더욱 존경받고, 팬아이콘과 동일시된 자신 역시 팬아이콘을 통해 보다 더 높은 곳으로 올라 많은 다른 사람들에게 그 가치를 인정받길 원한다. 바야흐로 팬과 팬아이콘이 연결된 하나의 세계관을 갖게 되는 것이다. 팬덤이 커질수록 팬들은 고차원적인 가치에 대한 욕구가 커지고 세계관은 그 다음의 가치로 진화한다.

팬과 팬아이콘의 관계는 매우 역동적이다. 시간의 흐름과 팬덤의 규모에 따라 세계관은 변하고 그들이 바라는 가치도 변화한다. 5단계 자아 실현 단계에서 팬들의 욕구는 경쟁을 초월해 궁극의 가치에 집중하는 모습으로 변화한다. 타인에게 인정받는 것이 아니라 팬과 팬아이콘 간의 독자적인 세계를 추구하는 것이다. 예를 들면, 아름다움의 추구, 최고에 대한 도전, 사회적 공헌에 대한 노력 등 보다 높은 가치에서 팬과 팬아이콘이 그리는 세계관의 이상을 달성하려고 한다.

가수 이승환은 2001년부터 '차카게살자'라는 타이틀의 자선콘서트를 시작했다. 공연의 수익금 전액은 한국백혈병어린이재단에 기부되었다. 팬아이콘으로서 이승환의 선행은 팬카페가 2014년부터 매년 자발적으로 기부를 진행하게끔 그 선한 영향력을 확대하는 것으로 이어졌다. 이는 다른 아티스트 팬클럽에서도 전통적인 행사와 함께 번지게 되었고, 최근에는 트로트 가수 임영웅의 공식 팬클럽 '영웅시대'의 기부와 봉사 활동이 화제가 되기도 했다. 팬아이콘의 퍼포스인 선행이 팬덤 세계관으로 연결된 사례다. 임영웅 팬덤 세계관에서는 이를 '건행'이라 부른다. 건행은 건강과 행복의 줄임말이다.

이처럼 팬과 팬아이콘은 서로의 가치를 공유하고 공감하면서 공통의 세계관을 만들고, 더 높은 수준의 욕구 달성을 위해 세계관을 확장한다. 팬덤을 바라는 팬아이콘은 팬과 공유할 가치관에 집중하면서 팬덤과 소통해야 한다. 팬심은 낮은 수준의 욕구를 바라는 팬아이콘과 함께 새로운 세계관을 만들지 않는다. 팬아이콘은 팬들이 더 높은 수준의 가치를 바라도록 상위 욕구 단계의 커뮤니케이션을 해야 한다. 내가 지지하고 응원하는 팬아이콘이 내가 가진 욕구보다 더 높은 수준의 욕구를 달성하려고 노력해야만 팬들은 스스로 팬심을 발동하고 팬덤 세계관에 적극적으로 공감할 수 있다. 이러한 과정을 통해 팬심은 심화되고 팬덤은 커진다.

변화하는 팬덤

팬덤 세계관은 팬들이 만들어 내는, 팬과 팬아이콘이 연결된 공통의 세계다. 세계관을 처음 제시하는 것은 팬아이콘이지만 팬들이 팬아이콘의 퍼포스를 이해하고 공감하며 팬덤 세계관을 함께 만들어 가면서 세계관은 팬들과 공통의 것이 된다. 팬덤 세계관은 보다 높은 수준의 욕구와 가치를 기반하며 움직이고 변화한다.

아티스트의 성장과 시대적 요청에 따라 BTS처럼 빅 팬덤을 이룬 팬아이콘 또한 변화한다. 아니, 변화할 수밖에 없다. 팬아이콘의 성장에 따라 팬들도 변한다. 팬덤 심리의 4단계(숭배), 5단계(헌신)로 진입한다고 해도, 팬들의 마음은 팬아이콘이 겪는 역사와 가치관의 변화에 따라 달라진다.

몇 년 전 대중문화 팬덤은 커다란 이슈를 경험했다. 한국 대중문화계 유명 아티스트들이 성범죄 가해자로 밝혀져 사회면을 뜨겁게 달구었던 이른바 '버닝썬 사건'이 일어났다. 2018년 강남의 한 클럽을 무대로 한 단순 폭행 사건은 성접대, 마약, 경찰 유착 등의 이슈로 번지는 희대의 사회적 사건이 되었다. 이 사건에 여러 유명 연예인이 연

루되었고 팬덤은 큰 충격을 받았다.

2022년, 버닝썬 사건 관련 연예인의 열혈팬이었던 감독이 만든 다큐멘터리 영화 〈성덕〉이 공개되었다. 영화는 자신이 지지하고 응원하던 팬아이콘이 사회적 도덕적으로 물의를 일으킨 사건의 가해자로 밝혀지자 그를 따르던 팬들이 겪는 심리적 상실감 함께 팬덤이 무너지는 과정을 다루고 있다.

감독은 스스로 성덕, 즉 성공한 덕후라고 불렸던 팬이 팬아이콘의 나락과 함께 엄청난 실망과 상실감을 겪는 과정을 보여 준다. 자신의 응원하던 팬아이콘과 공유하던 세계관이 무너져 버린 상처는 실로 엄청나다. 팬와 팬아이콘이 공통의 가치관을 공유하고 있던 세계관에서 한쪽이 자멸하게 될 때 받는 상처는 세계관의 몰락 그 자체이기 때문이다.

팬덤이 만들어지는 것은 인간의 자연스러운 본성이기에, 하나의 팬덤이 무너진다 하더라도 또 다른 곳에서 새로운 팬덤은 생겨날 것이다. 유기체인 팬덤은 계속 변화한다. 팬아이콘은 이러한 팬덤의 변화를 주시하고 감지하며 팬심을 적극적으로 리딩하고 관리해야 한다. 자신들을 지지하고 응원하는 팬들과 더욱 긴밀하게 관계를 맺고 소통해야 한다.

우리 주변에 큰 팬덤을 이룬 많은 팬아이콘은 팬들과 함께 성장해 왔다. 팬아이콘은 팬들과 세계관을 공유하고 공감을 얻어내며 공통의 세계관을 만들어 가야 한다. 팬을 쉽게 만들 수는 없지만 지지와 응원을 보내는 팬들을 알아보고 그들과 지속적으로 함께 무엇인가 달성해 나가는 것은 가능하다.

팬아이콘은 팬덤의 영향력으로 성장하고 발전한다. 그리고 그러한 팬아이콘의 변화는 더 많은 팬덤의 응원과 지지를 이끌어 낸다. 우리가 주목할 것은 이 둘이 어떤 방식으로 서로를 성장시키고, 보다 더 높은 가치를 향해 나아가면서 발전해 나가는지, 그 과정을 이해하는 것이다.

4부

팬덤 경영

팬덤이 가져온 새로운 경영 기회

팬덤이 가져온 새로운 경영 기회는 지금까지 소비자와 시장을 염두에 두고 기획했던 기존의 패러다임을 출발점에서 다시 들여다보게 한다. 매일 새로운 제품과 서비스가 시장에 도전장을 내고 있는 지금, 팬덤 경영은 소비자의 인식과 선호도를 얻고 구매 의사 결정을 이끌어 내는 과정에서 새로운 패러다임을 제공한다. 기업 경영에 팬덤을 접목하는 것은 기업이 추구하는 것이 무엇이고, 그것에 누가 공감하고 열렬한 응원을 보낼지를 기업 스스로가 발견하는 과정이다.

첨단 기술과 네트워크 발달이 가져온 시장 환경 변화는 기업 경영 활동에서 변화를 요구한다. 제품이나 서비스 브랜드 경쟁이 심화되면서 단일 브랜드가 시장의 20%, 30%를 점유하는 것은 옛말이 되었다. 1%, 5%의 시장을 점유하기 위해 막대한 마케팅 비용과 경영 노력이 필요한 상황이 되었다. 시장 점유율 1%를 올리기 위해 투입되는 광고비와 퍼포먼스 마케팅 비용은 경쟁적으로 상승하지만 집행한 마케팅 활동에 비해 성과는 미미하다.

이러한 상황에서 팬덤을 통해 얻은 함의는 기업 경영에 새로운 기회가 된다. 불확실성이 강한 시장에서 팬덤은 기업의 믿을 수 있는 파트너가 되어 상품 개발자, 홍보 대행사, 변호사 등의 역할을 하며 기업 활동에 응원과 지지를 보내는 후원자로서의 역할을 한다.

바로 이 팬과 팬아이콘의 관계를 기반으로 기업 활동을 재조명하고, 앞으로 기업이 해야 할 팬덤 경영을 조명해보고자 한다. 기업이 지속적으로 운영 관리해야 하는 팬덤 활동은 무엇일까? 팬덤과 함께하는 기업은 어떤 기회를 만나게 될까?

수면 밑 팬덤과 기업 경영

팬덤 경영의 시작은 무엇을 상품으로 발굴할 것인지 결정하는 것이다. 이를 신상품 기획 또는 상품화 프로세스라고 부른다. 대부분의 상품 개발이라는 기업 활동은 기업 고유의 역할이라 생각하기 쉽다. 그러나 누구를 소비자로 고려할 것인지 결정하는 것은 팬덤에서 매우 중요한 영역이다.

스니커즈를 생산하는 한 기업을 만난 적이 있다. 오랫동안 신발 주문생산OEM을 경험하여 운동화 생산 노하우를 충분히 가지게 된 이 기업은 본격적으로 자체 브랜드를 생산하기로 했다. 오랜 경험으로 시장을 이미 알고 있었고 기존 거래 경험도 많았기 때문에 전략적으로 '하이탑 끈 묶음 스니커즈'를 첫 상품으로 결정했다. 다채로운 색상의 상품 라인업도 정했다. 결과적으로 시장에 원활한 론칭을 해 냈다.

그런데 그게 다였다. 처음 생산 이후 추가 생산은 요원했다. 유통점을 찾고 가격 인하 행사를 진행하는 등 재고를 털어 내기 위해 많은 노력을 해야 했다. 이 업체는 기존의 전통적인 상품 개발 프로세스와 경영 전략을 통해 시장이 원하는 스니커즈를 생산했지만 시장의 반응은 냉랭했다. 무엇이 문제였을까?

나이키가 만일 이 시대에 처음 운동화를 시장에 출시했다면 아마도 이와 비슷하지 않았을까? 물론 나이키는 오니츠카 타이거 제품을 유통하던 경험으로 거래선을 확보했을 수도 있지만 첫 시작은 쉽지 않았을 것이다. 그렇다면 나이키는 당시 어떤 전략을 선택했을까? 나이키는 육상 선수를 제품의 팬으로 선택했다. 육상 선수가 달리기 위해 가장 필요했던 신발 밑창을 수많은 시행착오를 통해 찾아낸 것이다.

와플 기계를 동원하여 새롭게 찍어 낸 운동화 밑창은 소수 팬들에게 공감을 불러 모았다. 나이키의 창업자 필 나이트는 대학 시절 육상 선수였으며, 스탠포드 경영대학원 졸업 석사 논문에서 '일본 오니츠카 타이거의 저가 기능성 운동화가 아디다스 일색이었던 미국 운동화 산업을 바꿀 것'이라고 주장했다. 필 나이트는 오니츠카 타이거 제품을 수입해 미국 육상 선수들에게 판매하면서 팬을 만들었고, 이들을 위한 고무 스파이크 운동화를 탄생시켰다.

이것을 시장을 잘게 쪼개서 세분화된 시장의 니즈에 맞는 상품을 개발한 것으로 보는 시각도 있지만 보다 정확히는 팬덤을 찾아내서 그들에게 최적화된 상품을 개발한 팬덤 상품 개발로 보는 것이 합당하다. 육상 선수 출신인 필나이트와 육상 코치였던 빌 바우먼, 두 공동 창업자의 개인적인 경험에서 출발한 퍼포스에 기반해 팬덤을 만들어낸 것이다.

다시 스니커즈 기업 이야기로 돌아가 보자. 이들이 개발한 스니커즈에는 팬덤에 대한 고려가 빠져 있었다. 운동선수가 팬이 될 것인가? 아니면 힙합 아티스트가 팬이 될 것인가? 아니면 집-학교-학원을 오가는 중고등학교 학생이 팬이 될 것인가? 이는 단순히 타깃을 결정하는 문제와는 다르다. 스니커즈 기업으로서 추구하고자 하는 퍼포스를 결정하고 그 퍼포스에 공감할 수 있는 팬을 결정하는 과정이 스니커즈 기업의 사례에는 빠져 있다.

기업이 퍼포스와 그것에 공감하는 팬을 찾는 것은 기업 경영의 목표와 전략을 결정하고 지속적으로 수행해 가는 데 나침반이 될 수 있다. 기업이 아직 고객에게 제품이나 서비스를 소개하기 이전에 기업은 시장 분석을 통해 상품을 기획하고 실질적인 상품과 비즈니스 모델을 만든다. 이 모든 과정을 '수면 밑 기업 경영'이라고 명명하자. 이때 기업 경영의 최우선 목표는 상품을 만들어 내는 것이다. 세분화된 시장 소비자를 타깃으로 이들의 니즈를 반영한 상품의 콘셉트를 정한다.

팬덤이 개입할 여지가 있는 첫 번째 단추는 바로 이 지점에서 시작한다. 기업은 고객을 시장의 한 요소로만 볼 것이 아니라 한 명의 팬이 전적으로 공감할 수 있는 '맞춤 재단' 상품을 기획하고 생산해야 한다. 앞서 기업이 만드는 상품의 퍼포스를 결정하고 그것에 공감하는 팬을 찾아 냈다면, 그 단 한 명 팬의 완전한 공감을 얻는 상품을 기획하고 만들어 내는 것. 이것이 일반 마케팅과 차별화되는 팬덤 마케팅의 상품 기획이다.

이를 위해 기업은 스스로 팬아이콘으로 각성하고 팬과 소통을 시작해야 한다. 누가 우리 제품의 팬이 될 것인지 결정하는 것은 제품 생산 이후가 아니라 제품 생산 이전에 이루어져야 하는 일이다. 수면 밑 기업 경영에서부터 팬덤 기업 경영은 시작된다.

"우리 기업 제품에는 충성 고객이 많은데 어떻게 이들을 팬으로 만들 수 있을까요?"

팬덤 경영에 대한 강연을 하면 많은 기업들이 이러한 질문을 한다. 여기에 나는 이렇게 답한다. 단지 프로모션 효과를 누리고 싶다면 충성 고객을 마치 팬과 같이 대했을 때 그들이 팬처럼 움직일 수 있을 거라고. 하지만 아마도 그들이 진정한 팬으로서 마케팅과 홍보를 대신하며 행동하지는 않을 거라고.

팬덤 경영에서 중요한 것은 불특정 다수의 시장을 어떻게 세분화하여 공략 타깃을 고를지가 아니라, 기업의 진정성을 누가 이해하고 공감할 것인가에 있다. 퍼포스를 가진 기업의 철학에서 출발해야 팬덤의 이해와 공감을 얻을 수 있다.

팬덤 구축 이후 BTS의 많은 음악은 아미와의 소통을 주된 내용으로 만들어진다. BTS는 'Love Yourself(러브 유어셀프)'에 이어 새로운 퍼포스인 'Permission to Dance(퍼미션 투 댄스)'를 내세우고 팬들과 소통하기 시작했다. 2021년 발표한 '퍼미션 투 댄스'는 무도회에서 남성이 여성에게 춤을 청하는 의미로, 코로나19 시대에 즐겁게 춤을 추면서 어두운 시대를 함께 극복하자는 희망의 메시지를 담고 있다. 그들의 퍼포먼스에는 국제 수어로 표현한 춤이 등장하여 청각 장애인도 볼 수 있는 긍정의 메시지를 전파하였다. BTS가 새로운 음악을 만들면서 당시 시대상을 반영해 팬들에게 메시지를 전하는 것은 수면 아래 드러나지 않은 팬들까지 고려해서 음악을 만드는 그들의 팬 지향성과 선한 영향력을 반영한다.

기업 퍼포스와 그것을 달성하기 위해 상품에 어떤 의미를 담는가는 팬들에게 선한 영향력을 전달하는 매개체이자, 기업이 수면 밑에서 준비해야 하는 경영 목표이다. 소비자가 팬이 되는 것이 아니라 팬이 선한 영향력을 통해 소비자를 불러 모으는 것임을 명심해야 한다.

상품 기획을 할 때 브랜드 마케팅 패러다임에서 중요하게 생각하는 요소로 언멧 니즈Unmet Needs라는 것이 있다. 드러나지 않거나 충족되지 않은 소비자 요구 사항을 발굴하는 것이다. 전통 마케팅에서는 아직 세상에 드러나지 않은 잠재적인 고객 욕구를 발굴하여 그에 맞춘 상품을 기획하고 상품화하는 것을 목표로 한다. 그러나 세분화 시장을 찾기도 어렵고 그 시장의 고객 욕구를 발견하기란 더더욱 어려운 일이다. 이렇게 기획된 상품이 시장에서 호응을 얻을 수 있을지도 불투명하다.

팬덤 마케팅에서는 오히려 언멧 니즈 발굴과 관련해 명확한 방향을 가지고 있다. 팬이 공감하는 그 지점에서 상품을 기획하고 개발하는 것이다. 파타고니아는 등산과 서평에 진심이었던 창업자의 경험과 진정성을 바탕으로 등반을 할 때 가장 필요한 바람막이 재킷을 기획했다. 그는 자신의 경험을 기반으로 등산가들을 팬으로 상정해 놓고 그 팬에게 꼭 필요한 재킷을 만들었다. 파타고니아의 제품은 등반가 팬들을 사로잡았고 팬덤은 큰 규모로 확장되었다.

팬덤을 바라는 기업은 수면 밑에서 아직은 보이지 않는 팬들과 교감을 시도해야 한다. 수면 밑 팬덤을 고려하여 의사 결정을 진행하고 진짜 팬들과의 수면 위 소통을 하기 전에 기업 경영 방향을 팬덤과 맞추어야 한다.

수면 위 팬덤과 기업 경영

수면 위로 떠오른 기업의 제품이나 서비스가 팬덤을 만나게 되면 어떤 일이 생겨날까? 팬아이콘으로서 각성한 기업은 보다 노골적인 방식으로 팬들과의 소통을 시작한다. 일반 소비자도 아닌, 충성 고객도 아닌, 팬들을 만나고 소통하는 것에는 어떤 의미가 있을까?

우리는 앞서 여러 팬클럽의 사례를 보았다. 대중문화 아티스트 팬덤의 팬클럽은 자생적으로 생겨나 좋아하는 아티스트를 위해 정보를 공유하고 감성을 나누며 모여서 함께 행동하는 집단 정도로 생각되었다. 그러다 팬클럽은 점차 힘Fan-Power을 갖게 되고 팬아이콘에게 정보 공유를 요구하거나 콘셉트의 변화를 바라고 더 나아가 아티스트 결과물에 영향력을 발휘하기를 원한다. 물론 이러한 행동의 배경에는 아티스트를 보호하고, 아티스트를 홍보하며, 최고의 수준으로 더 높이 올라가기를 바라는 마음이 있다.

대중문화 아티스트 팬클럽은 외부의 별도 조직에서 점차 소속사 내부에서 관리하고 운영하는 조직으로 변화하고 있는 추세이다. 이는 대중문화 아티스트의 소속사이자 기획사에서 팬클럽을 매우 중요한 사업 구성 요소로 파악하고 있으며, 팬클럽이 기업 경영의 한 축으로 자리를 잡기 시작했음을 의미한다. 팬들과의 소통이 수면 밑에서 수면 위 기업 경영으로 떠오르고 있는 것이다.

팬아이콘으로서 각성한 기업들 역시 대중문화 아티스트 팬덤과 같은 방식의 팬클럽 또는 팬덤과의 직간접적 소통을 필요로 한다. 팬덤은 이제 팬아이콘을 추구하는 기업이라면 명백하게 경영해야 할 대상이 되었다. 기업은 팬들과의 관계를 대외적으로 천명하고 그들에게 권한과 의무를 부과하며 소통을 시작해야 한다. 팬은 내부 감시자이며 외부 대행자이다. 기업이 만드는 제품이나 서비스의 하자가 있다면, 그 누구보다 먼저 발견하고 기업에 경고를 보낼 것이고, 대외적으로는 기업을 옹호하며 외부에서 비판하는 세력과 싸울 것이다.

팬아이콘 기업은 먼저 팬들을 일반 소비자들과 구분해야 한다. 팬클럽, 멤버십 등의 형태로 일반 소비자와 분명한 선을 긋고 팬들을 파트너로서 인정해야 한다. 일반 소비자와 구분되는 팬덤은 직접 대면이 가능한 팬덤 커뮤니티를 통해 경영할 필요가 있다.

예전에 한 커피 프랜차이즈 기업과 협력을 위한 미팅을 한 적이 있다. 그때 아주 기괴하면서도 이상한 얘기를 들은 적 있다. 가맹점주들이 집단 행동을 할 우려가 있기 때문에 가맹점주들을 한꺼번에 모아 놓고 따로 만나지 않는다는 것이었다. 가맹점주들이 모여서 본사에 무언가를 요구하게 되는 심각한 상황을 사전에 차단하겠다는 것이 당시 그 기업의 설명이었다.

10년이 지난 지금도 여전히 이해가 되지 않는다. 프랜차이즈 사업에서 가맹점주들은 고객이자 사업 파트너이면서 동시에 가맹점 브랜드의 팬덤 아니던가? 아니나 다를까 해당 프랜차이즈는 지금은 찾아볼 수 없는 커피숍 브랜드가 되었다.

팬들은 예민하다. 수면 위에 드러난 팬덤은 더더욱 예민하다. 팬아이콘이 팬들에게 범할 수 있는 어리석음 중 하나는 최초의 퍼포스가 갖는 진정성을 스스로 훼손하는 것이다. 진정성이 사라진 팬아이콘은 더는 팬덤을 유지할 수 없고 때로는 더 큰 역풍을 맞기도 한다. 등을 돌리고 비판에 앞장서며 부정적 여론을 만들어 낸다. 팬들이 가장 바라는 것이 팬아이콘의 성공이었음에도 불구하고 팬아이콘 스스로 진정성을 놓쳐 버린다면 팬덤은 실망을 넘어서 분노를 갖는다. 때문에 팬덤을 경영하는 것은 기업의 중장기적인 사활이 걸려 있다.

"팬덤에 집중하다 보면, 때때로 역풍을 맞기도 하지 않나요? 그것은 정말 큰 리스크가 될 것 같아요"라는 질문은 정확히 맞는 말이다. 팬덤의 양면성이라고 일컬어지는 팬덤 리스크이다. 그런데 팬덤이 등을 돌리는 순간은 팬아이콘 스스로가 진정성을 훼손할 경우에만 발생한다. 팬아이콘이 퍼포스를 발전시키고 팬들과 지속적인 소통을 한다면 팬들이 돌아설 이유는 없다. 팬아이콘에 대해 비판적인 의견을 제시할 때도 있겠지만 팬과 팬아이콘은 동일시되고 있기 때문에 팬아이콘을 위한 추앙과 헌신은 계속될 것이다.

기업은 팬의 존재를 파트너로 인정하는 다양한 방법을 통해 수면 위에서 팬덤을 경영할 수 있다. 팬클럽, 멤버십, 컨퍼런스, 파티, 리워드 등의 방식으로 팬덤과 영감을 만들어 낼 수 있는 제도적, 형식적 관계를 형성하는 것이다.

이제 우리는 실질적인 팬덤 경영을 수행하는 방법을 알아보기로 하자. 팬과 팬아이콘의 상호 작용 속에서 기업이 팬덤을 경영하기 위한 방법론을 점검하고 기업의 구체적인 행동 지침을 정리해 보자.

팬덤 경영

팬덤을 경영하는 이유는 분명하다. 과거 일반 소비자를 타깃으로 기업 경영을 목표를 달성하던 시대에 비해 경쟁이 심화되고 소비자의 일탈이 빈번하게 이루어지고 있기 때문이다. 팬덤 경영 목표는 팬을 중심으로 상품 기획, 개발 및 마케팅 전반에서 소비자 전략을 수립하고, 팬과의 소통을 통해 팬덤을 확장하여 중장기적으로 기업의 생존을 가능하게 하는 것이다.

팬아이콘이 되려는 기업은 팬과의 관계를 중심으로 중장기적 슈퍼 팬덤 기업으로의 도약을 준비할 수 있다. 그러나 상황과 전략에 따라 전체 기업의 모든 경영 활동이 아닌 일부만을 팬덤에 할애할 수도 있고, 부분적으로 팬덤과의 소통을 통해 단기적인 목표와 실적을 만들어 낼 수도 있다. 모든 기업이 처한 상황과 목표는 다를 수 있고 팬 역시 기업이 출시한 제품이나 서비스에 따라 다른 팬덤을 형성하기도 한다.

　가령 기업이 새로운 서비스를 출시할 경우, 기존의 기업 팬덤과는 다른 방향으로 팬들과 소통할 필요가 있다. 이때는 부분적으로 활용할 수 있는 팬덤 경영법을 응용할 수 있을 것이다. 기업 전략상 팬덤을 활용한 마케팅이나 팬커뮤니티 운영만을 도입하여 적용할 수도 있고, 기업의 총괄적인 전략과 방향, 또는 신사업을 추진할 때 처음부터 팬덤을 고려하여 기업 전략을 수립할 수도 있다. 일시적인 프로모션을 목표로 팬과의 소통을 고려할 수도 있다. 팬덤을 활용하는 방식은 기업이 처한 경영 환경과 목표에 따라 달라진다.

B2C 기업의 팬덤 경영

B2C^{Business to customer}(기업-소비자 간 거래) 기업들은 팬을 모으고 팬덤을 구축하기를 바란다. 고객에게 제품과 서비스를 판매하여 매출을 만들어 내려는 이들 기업은 팬덤을 새로운 마케팅 대안으로 바라보고 있다. 세탁기, 냉장고 같은 가전제품부터 자동차까지. 강력한 브랜딩과 광고에 의존하던 고관여 제품(소비자가 구매를 선택하는 과정에서 시간과 노력을 많이 들이는 제품)들은 과거 브랜드 마케팅 방식을 벗어나 팬덤을 고려하고 있다.

전기 자동차 기업 테슬라는 민간 우주 개발 기업 스페이스X 창업자로서 이미 개인 팬덤을 거느리고 있던 CEO 일론 머스크 팬덤과 맞물려 거대 팬덤을 만들어 냈다. 저가형 전기 자동차도 5만 불대이며, 고가형은 10만 불이 넘는 고관여 제품인 자동차에 슈퍼 팬덤이 형성된 것이다. 테슬라의 추종자들은 '테슬람'이라고 불리는데 이들은 마치 종교와 같이 테슬라의 혁신성과 디자인 그리고 첨단 기술로 세상을 바꾸려고 노력하는 테슬라가 가진 팬덤 퍼포스에 공감하여 지지와 응원을 보낸다.

변혁의 아이콘, 테슬라

2003년 탄생한 테슬라가 슈퍼 팬덤을 달성하는 데 있어서 가장 의미 있는 지점은 처음부터 그들이 '지속가능한 에너지로의 전 세계적 전환'이라는 분명하고 단단한 퍼포스를 가지고 출발했다는 점이다. 팬덤 기업으로서 조기 각성한 테슬라는 그들의 퍼포스에 공감하는 팬들과 함께 주목할 만한 성과를 만들어 왔다.

테슬라의 팬덤은 테슬라가 공식적으로 인증한 커뮤니티인 'TOC^Tesla Owners Club(테슬라 오너스 클럽)'를 중심으로 활동한다. 미국과 유럽을 중심으로 전 세계 100개에 가까운 TOC 커뮤니티가 있으며, 테슬라는 기업 차원에서 TOC 리더들과 비정기적 회합을 갖고 팬덤의 목소리에 귀를 기울인다. 온라인과 오프라인 분기별 컨퍼런스는 물론, 주요 기업 정보 또한 팬덤과 공유한다.

TOC 활동은 금전적 혜택 없이 자발적 참여로 이루어진다. 이들은 테슬라의 퍼포스를 함께 추구하고 달성해 가는 파트너다. TOC는 '친환경'이라는 보다 상위의 공공성 가치를 가지고 친환경 운동과 지역 사회 기부 운동 등에 적극 참여하는 새로운 팬덤 문화를 만들고 있다.

퍼포스와 팬커뮤니티, 두 가지 차원에서 테슬라는 기업

경영의 방향을 팬덤과 맞추고 함께 성장을 도모한다. 기업의 진정성과 팬덤의 자발성이 만나서 공동의 가치를 달성하기 위해 노력하는 것이다. 테슬라 팬덤은 팬아이콘인 테슬라가 추구하는 자율 주행, 청정에너지, 인공지능 등 다양한 혁신을 지지하며 테슬라를 기존 자동차 기업이 가지 않던 길로 갈 수 있도록 돕는다.

중소기업이나 IT 스타트업은 이미 팬덤의 중요성을 인식하고 기업 경영에 도입하려 하고 있다. 팬덤을 기반으로 적은 비용으로 강력한 팬덤을 구축해 새로운 돌파구를 찾고자 하는 것이다. 많은 기업이 팬덤 경영의 필요성을 인식하고 있다. 다만 그 방법에 대해 확신과 경험이 없을 뿐이다. 팬덤을 경영하기 위해서는 무엇을 준비하고 어떤 접근을 통해 팬과의 소통을 이루어 내야 할까?

각 기업들은 기업의 목적과 상황에 따라 각 항목 중 필요한 항목을 수행하면서 팬덤과 소통할 수 있을 것이다. 다만 슈퍼 팬덤으로 진화하기 위해서는 전체 프로세스를 초기부터 활용하는 방법을 모색하는 것이 중요하다.

청바지 사업을 시작한다고 가정해 보자. 창업을 하거나 기업의 새로운 상품을 만들어 낼 때 팬덤을 어떻게 이용할 것인가. 팬덤을 기반으로 하는 창업이 일반적인 창업 과정과 무엇이 다른지 살펴보면서 실제 팬덤을 기업 경영에 적용하는 방법에 대한 구체적이고 실질적인 인사이트를 얻을 수 있을 것이다.

1. 팬덤 퍼포스를 수립하라

팬덤 구축 솔루션
#1. 오리지널 트루 스토리를 만들어라

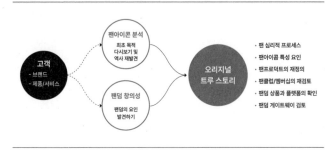

창업자 C는 새로운 청바지 사업을 시작할 계획을 갖고 있다. 청바지를 즐겨 입는 C는 청바지 이면에 담긴 자유로움과 특허 상품이라는 철학을 이해하고 있고, 청바지 상품을 출시해서 많은 사람들이 즐겨 입는 일상복의 새로운 지평을 열고 싶다. 또한 사업을 통해 큰돈을 벌어 사회적 영향력도 갖고 싶다. 이름도 정했다. 청바지 이름은 'IDOL'.

C는 왜 청바지를 만들고자 하는가. 통통한 체구에 얇은 다리를 가지고 있는 그는 청바지를 좋아한다. 질기고 단단한 질감에 잘 찢어지지 않고 시간이 갈수록 내 몸에 맞는 모양으로 길들여지면서 색도 적당히 바래가는 느낌이 좋다. 그러나 펑퍼짐하고 무겁고 처음 입을 때 뻣뻣해서 길들이는 데까지 시간이 오래 걸리는 청바지는 싫었다. 그는 처음 입을 때부터 부들부들하고 색상이 적당히 바래 있으며 다리에 딱 달라붙으면서도 무겁지 않고 탄성이 있어서 불편하지 않은 청바지를 만들고 싶다. 그는 꿈을 보다 정교화하고, 달성하고 싶은 기업의 목표도 세웠다.

'세상에서 가장 편한 청바지로 청바지만 입고 살아도 좋은 세상을 만들자.'

팬덤을 향한 팬퍼포스를 정립한 순간이다.

사실 이 모든 것은 허구이지만 일어날 수도 있을 법한 창업 스토리이다. 누구를 대상으로 청바지를 만들지 고민하면서 C는 팬덤을 기반으로 청바지 사업을 시작하기로 하였다. 팬덤을 경영하기 위해 가장 먼저 해야 할 일은 진정 '팬덤을 중심으로 기업을 경영할 것인가'를 내부적으로 결정하는 것이다. 그러나 이 결정 과정은 매우 자연스럽고 전략적인 선택이기도 하다. 경영의 시작은 생산하는 청바지를 누가 입고, 누가 그 퍼포스에 공감할 것인지 찾는 일이기도 하기 때문이다.

팬덤 청바지를 만들기로 결정하였다면 이제 팬아이콘의 진정성을 담은 목표 설정이 필요하다. 이는 팬아이콘의 '팬덤 퍼포스'가 된다. 왜 청바지 사업을 하는지 또는 청바지를 왜 만들려 하는지와 같은, IDOL 청바지와 기업의 퍼포스를 세우는 것이다. 기업은 이제 이 퍼포스를 위해 시장을 다시 조사할 것이고, 소재를 연구할 것이며, 만족할 수 있는 청바지 디자인을 찾는 데 노력을 집중할 것이다.

여기서 시장 조사는 타깃 고객 몇 %가 이러한 콘셉트를 좋아하고 시장성을 갖는가 등의 내용은 아닐 것이다. 팬덤을 타깃팅하는 전략을 방향으로 잡았다면 전통적 마케팅 패러다임에서 벗어나야 한다. 시장에서 확인할 중요한 정의는 '가장 편한 청바지'의 정의일 것이고, 가장 편한 청바지를 좋아할 만한 '팬덤'이 누구인가를 찾아 그들과 팬으로 소통하는 것이 필요하다.

C는 '@IDOL Jeans'라는 인스타그램 계정을 만든다. 청바지 사진과 정보를 그에 얽힌 이야기와 함께 올려서 청바지 스토리텔링을 전파하고, 청바지에 관심 있는 사람들과 소통을 시작한다. '좋아요'를 누르는 사람들에게 말을 걸거나 댓글을 다는 사람들에게 답글을 달면서 어떤 청바지를 만들지 아이디어를 물어본다. 그리고 '세상에서 가장 편한 청바지'의 콘셉트를 모으기 시작한다. 청바지에 대한 담론을 만드는 것이다. 생각보다 많은 사람이 관심과 의견을 주었다.

몇 명은 그런 청바지를 만드는 일이라면 함께 하고 싶다는 의견도 주었다. 그들에게 DM을 보내고 찾아가 함께 사업을 같이 해볼 수 있는지 물어보았다. 디자이너 한 명과 청바지 제작 경험을 가지고 있는 공장장 한 명이 함께해 주기로 하였다. 직접 만나 대화를 나눠 보니 더 많은 아이디어를 얻게 되었고, 어떻게 해야 창업을 할 수 있을지 구체적으로 알게 되었다.

이제 만들고자 하는 '세상에서 가장 편한 청바지'의 콘셉트가 대충 구상되었다. 보다 더 많은 사람들과 소통해야 할 필요가 있다는 생각이 들었다. 인스타그램을 통해 새로운 콘셉트의 청바지에 대한 의견을 물어보았다. 새로운 아이디어를 주는 사람들을 IDOL-FAN이라 이름 붙이고 첫 번째 팬이라고 말해 주었더니 그들도 좋아한다. 팬들은 새로운 청바지가 출시되면 꼭 테스터로 참석해 주기로 약속한다.

예비 창업자인 C는 처음, 누구를 대상으로 서비스 상품을 기획할 것인지에 집중할 것이다. C는 본인 에너지 대부분을 차별화된 상품을 고안하고 만들어 내는 데 집중하게 된다. '이런 청바지를 만들면 누가 살 것이고 왜 입을까?' 즐거운 상상을 하며 고민에 고민을 거듭한다.

여기서 고민 각도를 살짝 바꿔 보면 팬덤을 지향하는 것이 왜 필요한지 알게 된다. 사실 처음부터 모든 사람이 즐겨 입을 수 있는 청바지는 존재하지 않는다. 사업 모델에 대한 구상이 '누구'라는 대상과 '왜'라는 이유를 만나면 고민은 걷잡을 수 없이 커질 것이다.

우선 '누구'라는 고민에 대한 답을 찾아보자. 보편적인 브랜드 마케팅 기법에서 접근하는 방식인 시장 세분화 전략으로 '20대에서 30대 남성' 정도쯤으로 타깃을 설정하는 정도가 아마 '누구'라는 고민의 해답 언저리에 있게 될 것이다. 전통적인 마케팅과 기업 경영의 한계는 바로 이 지점에 있다. 타깃을 특정하지 못하면서 타깃을 선정했다고 착각하게 되는 것이다.

정작 문제의 해답은 다른 곳에 있다. IDOL이라는 들어 보지도 못한 청바지 신상품을 출시하였을 때 누가 가장 먼저 팬이 될 것인지 생각해 보면 고민 대부분이 사라질 것이다. 누가 이 청바지와 기업에 공감하고 지지와 응원을 보낼 것인지 상상해 보는 것이다. 그럼 자연스럽게 '이 사업을 왜 하는가?' '이 사업은 세상에 어떤 의미를 가지고 있는가?'라는 팬덤 퍼포스에 대한 근본적인 질문을 품게 될 것이다. 누가 팬이 될 것인가를 고민하는 것은 팬덤 기반 기업 경영의 첫걸음이다.

팬덤 퍼포스를 수립하고 팬을 구체화하는 작업은 전통적인 기업 경영이나 마케팅 패러다임과는 다른 특징을 갖는다. 바로 팬들과의 관계를 통해 기업의 생존과 번영을 달성하려는 '팬 지향성'이다. 일반적인 브랜드 마케팅 방식에서는 '새로운 사업을 시작하는 지금, 팬이 무슨 대수야? 일단 돈을 크게 벌 수 있는 세분화된 시장 타깃을 찾는게 더 시급해!'라는 생각을 하게 될 것이다.

그런데 세분화된 시장의 고객에게 선택을 받는 것 또한 매우 낮은 확률의 게임이다. 시장 타깃을 선정하고 그에 맞는 제품이나 서비스를 만들어 내더라도 타깃 시장에서 인지도와 선호도를 차례로 획득하면서 구매까지 이어질 확률은 결코 높지 않다. 시장 세분화로 연 좁은 타깃의 문이 더 큰 시장으로 확장되는 것 역시 어려운 일이다.

만일 팬덤 퍼포스를 세우고 단 한 명의 팬을 위해 신규 상품을 기획하고, 그 팬을 완전히 만족시킬 수 있는 상품을 출시하여 시장에서 자리를 잡을 수만 있다면 한 명의 팬으로 시작한 팬덤은 더 큰 팬덤을 불러 모으면서 확장하고 시장에서 자리 잡을 수 있을 것이다. 팬덤 기반 경영 자체가 전략이 되는 것이다. 이 전략을 기업이 받아들일 것인가가 팬덤 경영의 첫 단추다.

2. 팬덤 프로덕트를 생산하라

팬덤 구축 솔루션
#2. 팬덤 콘텐츠 자료를 축적하라

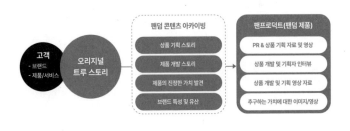

C는 IDOL 청바지를 팬덤 프로덕트로 기획한다. IDOL-FAN들의 아이디어를 적극적으로 받아들여, 함께 창업하는 파트너들과 새로운 청바지의 상품 콘셉트를 잡았다. 세상에서 가장 편한 청바지를 만들기 위해 청바지 소재 중에서도 엘라스틴이 많이 들어 있는 소재를 택했다. 그런데 소재에 대한 아이디어를 다시 팬들에게 물어보았더니 이 소재로는 청바지의 장점인 질김과 해지지 않음을 만족시킬 수가 없을 것 같다고 한다.

C는 리서치를 계속하여 청바지 결마다 질긴 소재와 엘라스틴 소재를 이어서 옷감을 만드는 방식을 찾아낸다. 샘플 소재가 완성되었다. 이제 결정할 것은 디자인 핏이다. 몸에 달라붙으면서도 편한 착용감을 찾긴 어렵다. 디자인으로 승부를 봐야 한다. 다행히도 공동 창업자인 디자이너가 몸에 붙으면서도 편한 느낌을 주는 조거핏 디자인을 찾아낸다. 샘플 제품이 완성되었다. IDOL-FAN들에 먼저 입혀 볼 차례다.

가장 댓글을 많이 달고, 의견을 많이 준 팬 30명에게 샘플을 보낸다. 팬들이 준 의견 그대로 만들었다는 생각에 좋은 피드백을 줄 것이라고 믿는다. 그런데 예상 밖의 대답이 돌아온다. 30명의 팬들이 전달한 불편 사항에 대한 개선점을 찾아 다시 샘플을 제작한다. 이 모든 과정은 인스타그램을 통해 IDOL-FAN들에게 공개된다. 이러한 과정에서 얻은 새로운 사실 또한 팬들과 소통한다. 드디어 첫 출시 제품이 팬덤 프로덕트로 만들어진다.

팬덤 프로덕트는 마케팅하고자 하는 것(기업/제품/서비스 등)을 팬들에게 어필할 수 있는 제품으로 리포지셔닝하는 것을 의미한다. 일반 제품을 팬들이 좋아하는 제품으로 재정의하고 의미를 부여하는 것이다. 팬들에게 제품을 설명하고 의미를 전달하는 과정에서 상품 기획부터 생산, 마케팅에 이르는 전 과정을 팬의 입장에서 재정의하며, 그 내용을 콘텐츠로 아카이빙하는 과정이다.

IDOL 청바지를 팬덤 프로덕트로 기획하는 것은 팬들을 초기 상품 기획 단계부터 참여시키는 과정이기도 하다. 팬들의 참여는 대규모 소비자 조사 또는 공개적인 팬덤 리서치 방법이 아니라, 소규모 팬의 의견을 받는 것으로 출발한다. 그리고 그 팬들 중에서 청바지를 반드시 살 것이라고 생각되는 찐팬을 골라내는 것이 파트너가 될 팬을 발굴하는 작업이다. 상품 기획은 기업의 고유 영역이고 창업이나 신제품 개발에서 가장 핵심적인 과정이지만 이 시기를 팬과 소통하는 첫걸음으로 삼는 것이 중요하다.

드디어 세상에서 가장 편한 청바지, IDOL Jeans가 세상에 나올 때가 되었다. C는 이를 크라우드 펀딩^{Crowd funding}(소액 투자자를 모아 제작비를 충당하는 방식)하기로 결정한다. 크라우드 펀딩 플랫폼에 제품 콘셉트와 소개글을 올려 새로운 청바지 제품을 생산할 자금과 함께 팬덤을 모을 수 있기를 기대한다.

크라우드 펀딩에 시험적으로 300개 제품을 판매할 수 있도록 준비하면서 스토리를 다시 한번 점검하고 리워드 제품으로 청바지 로고 손수건을 함께 준비한다. 펀딩 오픈과 함께 72시간 이벤트를 통해 펀딩에 참여한 서포터즈를 팬덤으로 만들 계획을 세운다. 그리고 제품 생산과 프로모션 리워드 제작에 돌입하여 일정을 맞추도록 최선을 다한다.

크라우드 펀딩 제품 판매보다 C가 더 관심을 가지고 있는 것은 펀딩에 참여한 서포터즈이다. IDOL은 팬퍼포스를 스토리로 만들었기에 이에 공감하는 서포터즈라면 IDOL-FAN이 될 가능성이 많은 고객일 것이다. 이제 서포터즈 커뮤니티 게시판에 달린 댓글에 집중하여 소통을 진행할 예정이다.

팬덤 기업 경영에서 두 번째 단계는 바로 팬덤 프로덕트를 만드는 과정이다. 이는 팬이 직접 상품 기획 과정에 참여하고, 기업이 팬과의 소통을 본격화하는 것을 의미한다. 팬이라는 파트너를 통해서 상품을 완성해 가는 것이 중요한 포인트다.

퍼포스에 공감한 팬을 발굴하고 그들과 상품 기획 단계에서부터 소통을 시작하는 것은 안정적 팬을 처음부터 확보하고 팬들과 함께 공감대를 넓히는 과정이다. 팬덤 프로덕트에서는 팬과의 소통 창구를 열고, 팬덤을 상품 기획에 보다 깊숙하게 관여하도록 팬덤 전선을 구축한다는 것에 의미가 있다.

전통적인 상품 기획이 세분화된 시장 조사 결과를 반영하여 상품의 가격대와 투입 원가를 비교하여 소비자 선택을 극대화하는 방식이라면, 팬덤 프로덕트의 상품 기획은 퍼포스에 공감하는 팬들에게 상품 기획 과정을 그대로 공개하여 팬들이 참여할 수 있도록 소통을 시도한다. 팬은 자신이 사용한다는 전제를 가지고 상품 가격과 효용을 검토하고 의견을 제시한다. 팬덤 상품을 결정하는 경영상 의사 결정에 팬이 참여하는 것은 자연스럽게 마케팅으로 연결될 수 있다. 이때 필요한 것이 팬덤 커뮤니티이다.

3. 팬덤 커뮤니티를 운영하라

#3. 팬 커뮤니티 도구들을 활용하라

IDOL 청바지의 크라우드 펀딩을 통한 첫 시제품 출시는 성공적이었다. 목표 수치를 훌쩍 넘는 1,000명이 넘는 서포터즈가 구매를 신청했다. C는 본격적으로 IDOL 청바지 출시를 위한 론칭 플랜을 수립한다. 가격과 유통 방법을 고민하면서 고객에게 청바지를 어떻게 판매할 것인지 머릿속에서 수많은 시뮬레이션을 진행한다. '초기 시장에 몇 벌을 출시해야 할까?' '가격은 얼마로 정하고 각 수량은 어떻게 정하며 유통은 어떻게 하지?' 판매에 대한 고민을 계속한다.

팬덤 경영을 결정한 C는 고객에게 직접 유통하는 D2C^{Direct to Customer} 방식으로 온라인 커머스몰에서 제품을 판매하기로 한다. 구매하는 고객을 팬으로 인식하면서 그들과의 관계를 만드는 것이 중요하다는 판단 때문이다. 하지만 커머스몰을 연다고 해서 고객이 쉽게 접할 수 있는 것도 아니고, 더구나 IDOL Jeans의 퍼포스를 이해하면서 이 청바지에 대한 선호도를 만들기란 쉽지 않은 일이다.

C는 팬덤 고객 커뮤니티를 만들기로 한다. 커뮤니티는 우선 상품을 개발하는 과정을 올렸던 인스타그램 계정을 중심으로 팬들을 확보하고, 팬들에게 IDOL 청바지의 특장점을 알려 나가면서 팬들의 공감을 얻을 수 있는 온라인 쇼핑몰 커뮤니티를 만들기로 한다. 팬클럽 이름은 기존 인스타그램 계정에서 한 팬이 댓글로 제안한 'IDOL-World'로 정한다.

팬클럽을 만든 후 가장 먼저 착수한 일은 IDOL 청바지 론칭 이벤트를 기획하여 오프라인 팝업 스토어를 여는 것이다. 파티 장소처럼 팬클럽 회원을 초대해 청바지 개발의 전 과정을 발표, 공개하고 다양한 이벤트 프로모션을 진행하여 팬들과의 오프라인 만남을 추진하기로 한다.

팬클럽을 열고 보니 청바지를 좋아하는 20대 남성 중심으로 첫 번째 팬덤의 기세가 만들어졌다. 새로운 청바지를 찾고 있던 팬들이 IDOL 신제품 청바지에 적용했던 스티치 방식이나 디자인의 의미에 대해 많은 질문과 댓글을 달았다. 때로는 비판적인 글도 있고 새로운 청바지를 응원하는 반응도 있다. 팬클럽 IDOL-World의 시작이다.

C는 IDOL-World 멤버십을 만들고 자주 댓글로 참여하는 핵심 팬들에게 공감 이벤트를 통한 포인트를 리워드로 제공한다. IDOL-World 멤버십은 IDOL-World 커뮤니티에서 구매하거나 온라인 프로모션 참여를 통해 얻을 수 있도록 팬클럽 지위를 인증했다.

팬덤 경영의 세 번째 단계는 상품 출시 전후의 팬덤 커뮤니티를 만드는 것이다. 팬클럽을 통한 팬덤 커뮤니티 운영은 팬덤 경영에 큰 영향을 미친다. 팬덤을 만드는 과정은 팬아이콘이 팬에게 정체성을 부여하는 것에서 시작된다. 팬들은 자신이 지지하고 응원하는 팬아이콘이 자신을 인정하고 알아봐 주기를 원한다. 팬클럽은 그런 팬들의 마음에 가장 확실한 증표가 된다. 회원 가입을 하고 댓글을 남기고 구매를 하면서 팬심은 시작된다.

팬덤 커뮤니티의 진짜 이유는 팬을 확인하는 것이다. 과연 누가 우리의 팬이고, 팬 고객으로서 관리 운영할 대상인지 파악할 필요가 있다. 구매한 사람도 팬이 될 수 있고, 댓글을 남기는 사람도 팬이 될 수 있지만 그들이 찐팬으로 각성한 것은 아니다. 스스로를 찐팬으로 만들기 위해서는 커뮤니티 활동이 필요하다. 팬덤 커뮤니티는 팬클럽이나 멤버십의 방법으로 구축해 갈 수 있다.

관계는 권리와 의무를 만드는 과정이다. 팬덤을 만드는 과정에서 팬아이콘이 팬을 파트너로 인정하고, 팬이 지지와 응원을 보내는 팬아이콘을 인정하는 상호 약속, 즉 팬덤 인게이지먼트Engagement가 만들어진다. 팬클럽이나 멤버십을 통해 팬아이콘은 팬에게 혜택을 부여한다. 팬들만을 위한 정보, 리워드 등 인정과 권한을 주는 것은 팬들에게 팬아이콘과의 심리적 거리를 좁혀 준다.

한편으로 팬아이콘은 팬들에게 홍보대사로서 팬아이콘을 지지하고 응원하는 의무를 부과할 수 있어야 한다. 팬덤을 경영하는 것은 이러한 팬의 권리와 의무를 설계하고 수행해 나가는 것이며 팬덤 커뮤니티는 그런 팬들과 소통하는 공간이 된다.

이를 위해 팬덤을 식별하는 것은 매우 중요하다. 팬덤의 설계와 관리에 대해서는 명확한 기업 의사 결정이 필요하다. 촉발된 팬덤을 뒤로 물리기는 어렵고, 팬덤 커뮤니티를 유지하기 위한 기업의 활동은 시간이 갈수록 더욱 중요해지기 때문이다.

4. 광고 대신 팬덤 소통 창구를 열어라

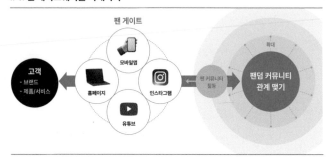

IDOL Jeans는 이제 새로운 국면을 맞이했다. 첫 제품과 뒤이은 청바지 라인업에 작은 팬덤이 만들어졌다. 온라인 직거래를 유통망으로 시작한 커머스몰에서 상품 주문이 늘었고, 백화점이나 오프라인 유통 매장의 입점 요구도 조금씩 늘고 있다. 작은 시장의 반응은 있지만 아직 매출이 크게 늘지 않고 있다. 팬덤의 한계일까? 이제 매스 시장으로 돌파구를 만들어 볼 타이밍일까? 주변에서 미디어 광고를 해보란 의견도 솔솔 나오고 있다.

C는 미디어 광고를 하기에 지금은 너무 무리한 마케팅 투자가 될 것 같고 비용 대비 효과도 장담할 수 없다. 그렇다고 현재 진행하고 있는 팬덤 커뮤니티 운영과 온라인 판매에만

의존하기에는 도약이 필요한 시점인 것 같다. C는 지금 필요한 것은 더욱 강한 팬덤이라는 판단을 내린다. 새로 영입한 직원들과 함께 팬덤 기반 마케팅 활동을 기획한다. 중요한 것은 팬들과의 직접 만남이다. 어떻게 팬을 직접 만날 수 있을까?

우연히 주변 지인으로부터 강남역 주변 공터를 3개월 정도 저렴하게 빌릴 수 있게 되었다. 아이디어가 샘솟는다. 가판대라도 열어서 IDOL Jeans 상품을 단기 판매할 수도 있고, 브랜드 이미지를 크게 전시할 수도 있다. 이 시점에서 C는 조금 다른 선택을 하기로 했다. IDOL-World 팬클럽 회원들에게 물어보니, 그들이 원하는 것은 팬덤의 공간이었다. 비록 3개월이라도 이 기회를 팬클럽과 함께 할 수 있는 공간으로 활용한다면 팬들과 오랫동안 이 사업을 유지할 수 있을 것 같다. 3개월 동안 팬들과 소통하는 공간을 만들기로 한다.

IDOL Jeans는 강남역 한 귀퉁이에 IDOL-World 팝업 공간을 3개월 동안 운영하기로 한다. IDOL Jeans 상품을 전시하고 판매하면서 팬이 방문하여 팬클럽 인증을 하면 리워드를 제공해 주는 프로모션을 하기로 한다. 또한 1주일에 한 번, 스케이트 보드, 필라테스, 요가 등 다양한 운동을 청바지를 입고 즐기는 15분 소규모 쇼케이스를 통해 직접 팬덤과 대화를 시도해 보기로 한다.

　팬덤 커뮤니티에 있어서 대면 활동 구현은 매우 중요하다. 팬들은 팬아이콘과 실제로 만나서 보고 듣고 만지는 것을 원한다. 상품 출시 이벤트, 팬 파티, 컨퍼런스 등 오프라인 팬덤 이벤트는 커뮤니티를 지원하는 강력한 무기다. 팬들에게 대면의 경험은 매우 중요한 동일시의 순간이다. 온라인과 오프라인 프로모션이 연계된 팬덤 커뮤니티 활동을 통해 팬덤은 확장되고, 팬-팬아이콘 간의 강한 결속을 만드는 기회가 된다. 팬이 원하는 것은 팬아이콘과의 소통 창구다. 직접 만나는 창구라면 더 좋겠지만 온라인으로 연결되는 팬과 팬아이콘의 관계 또한 중요한 연결 고리다. 팬아이콘과의 동일시를 통해 팬들은 팬아이콘을 홍보하는 에반젤리스트로 거듭난다.

5. 팬덤 미션을 활용하라

#5. 팬 미션을 유용하게 활용하라

IDOL Jeans의 IDOL-World Pop-up 프로모션은 팬덤 브랜드로서의 자신감을 심어 주었다. C에게는 한 단계 더 높은 퍼포스가 생겨난다. 그것은 '편한 청바지로 만드는 더욱 편하고 아름다운 세상'을 꿈꿔 보는 것이다. 이제 IDOL Jeans는 더 높은 가치에 도전해 보기로 한다.

더욱 편하고 아름다운 세상은 무엇인지 팬들과 의견을 나누면서 환경친화적이고 세상을 아름답게 만들 수 있도록 IDOL Jeans에 재생 의류의 가치를 부여하는 인사이트를 생각해 냈다. 두 번째 팬덤 퍼포스를 세우게 된 것이다.

C는 이 아이디어를 즉시 실행에 옮기기로 한다. 팬들이 오래된 청바지를 보내 주면 팬들에게 작은 청바지 소재로 만든 가방을 만들어 보내 주는 것이다. 팬들에게 모은 청바지를 재

가공하여 가방 제품을 만들어 신제품으로 출시하기로 한다.

신제품의 새 이름은 IDOL Bags. 신제품이 얼마나 많이 팔릴지는 모르겠지만 팬덤 미션을 통해 팬들과 소통하는 것 자체가 C의 새로운 도전이 되고 팬들과의 공감을 넓히는 의미가 있을 것이다. 그리고 팬에게 주어지는 새로운 미션은 IDOL Jeans 팬으로서 더욱 공감대를 넓히게 될 것이다.

팬덤 미션이란 팬아이콘이 팬들을 위해서 기프트(혜택)를 제공할 목적으로 특정 행동을 미션으로 부여하고, 이를 달성했을 때 혜택을 제공하는 과정이다. 팬덤 퍼포스는 팬아이콘의 발달 과정에서 새로운 가치를 지향하면서 발전한다. 팬덤의 선한 영향력을 기반으로 하는 팬덤 미션을 수행함으로써 팬과 팬아이콘의 관계는 강화되고 팬덤은 확장된다. 확장된 팬덤은 더욱 큰 팬덤으로 진화하고 팬과 팬아이콘의 선순환 구조를 만들어 낸다.

팬덤 미션은 팬덤 경영에서 팬과 팬아이콘의 관계를 더 높은 가치로 만드는 연계성을 제공한다. 팬은 미션에 참여함으로써 팬아이콘의 퍼포스에 적극적으로 공감하고 그 가치를 함께 실현하게 된다. 찐팬이며 진정한 파트너가 되는 과정이다.

6. 팬덤 굿즈를 만들어라

IDOL Jeans는 청바지로 시작해서 의류 전반과 가방, 지갑을 비롯한 다양한 제품 라인업을 보유한 기업이 되고 있다. '세상에서 가장 편한 청바지'라는 퍼포스에서 시작된 IDOL Jeans는 이제 '편한 청바지가 만드는 아름다운 세상'이라는 퍼포스로 발전하고 이것을 기회로 아름다운 세상을 만드는 콜라보 프로젝트를 시작한다.

환경과 사회적 약자를 보호하는 퍼포스를 가진 다른 분야 팬덤 브랜드들과의 협력을 통해 IDOL-World 팬덤은 더 많은 회원과 후견인을 갖게 되었다. C는 팬덤에게 작지만 의미 있는 팬덤 굿즈를 제공하기로 한다. IDOL Jeans를 상징하는 데님 열쇠 고리와 필통을 만들어 리워드로 제공하고 일부 소량 판매를 시작한다. 굿즈의 수익금 전액은 사회적 기업에 기부하기로 한다.

팬과 팬아이콘 관계가 심화될수록 팬은 팬아이콘을 위해 헌신과 기여를 할 수 있는 방법을 찾는다. 이는 팬아이콘 퍼포스에 공감하고 이를 위해 자신도 무엇인가 노력하여 도움이 되고자 하는 순수한 마음이며 팬아이콘의 성공을 바라는 마음이기도 하다. 팬덤 굿즈는 팬들이 팬아이콘의 가치에 공감하는 기념품이며 팬아이콘에게 보이는 성의와도 같다. 팬덤 굿즈는 팬과 팬아이콘의 관계를 더욱 단단히 만드는 매개체다.

팬덤 굿즈가 팬 고객에게 큰 반응을 불러일으키기 위해서는 IP와 퍼포스의 연장 선상에서 기획되어야 한다. 이때 다른 분야의 팬덤 또는 브랜드와 콜라보를 추진하는 것도 가능하다. 팬덤 굿즈는 기업에 있어서 단기 실적을 높일 수 있는 프로모션 방법이며, 자신의 IP를 기반으로 팬덤에게 소구할 수 있는 팬덤 커뮤니케이션 툴이 된다. 팬덤을 보다 잘 활용하기 위해서는 팬덤 굿즈를 수령하거나 구매하는 팬 고객을 면밀히 파악하고 그들이 팬덤 커뮤니티에서 더 많은 활동을 할 수 있도록 구성하는 것이 필요하다.

7. 팬덤 플랫폼을 열어라

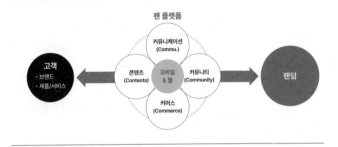

C는 온라인 커머스몰을 넘어 오프라인으로 플래그십 스토어Flagship Store를 열기로 한다. 매장은 IDOL Jeans의 새로운 팬덤 퍼포스인 '편한 청바지가 만드는 아름다운 생활 속의 리사이클 세상'이라는 가치를 온전히 보여 줄 수 있는 공간으로 오픈하기로 한다.

매장의 디스플레이는 데님 재생 상품과 리사이클 프로세스를 보여 주며 IDOL Jeans의 다양한 신제품을 전시한다. 또한 팬 고객들이 방문하여 헌 청바지를 기부하거나 구제옷 리폼을 할 수 있는 공간 그리고 청바지 의류 스타일링을 컨설팅하거나 자료를 찾아볼 수 있는 공간을 만들고자 한다.

매장 직원들은 점원이 아니라 SG^{Styling Guider}(스타일링 가이더)라고 명명한다. 이들은 기존의 판매 사원 역할을 넘어 방문 고객들에게 스타일링을 추천하고 자신감을 불어 넣을 예정이다. 그들이 바로 팬덤 운영자가 되도록 말이다.

슈퍼 팬덤을 바라는 B2C 소비재 기업들에게 매장은 고객을 직접 만나는 대면 소통 공간이다. 이를 팬덤 스토어 Fandom Store라 부르기로 한다. 팬들은 손에 잡히는 실재적 경험을 원한다. 팬심의 헌신과 기여를 방문 자체로 증명하기도 한다. 팬이 방문하고 체험할 수 있는 팬아이콘 공간은 팬덤을 확장하기 위해 반드시 필요하다.

팬덤 스토어라고 부를 수 있는 대표적인 사례로는 애플 스토어가 있다. 애플 스토어는 지금의 애플을 체험하는 공간이자 기술 지원을 받을 수 있는 곳이다. 이곳에서는 애플 제품과 소프트웨어에 대해 질문할 수 있고, 애플을 방문하는 고객이 고객을 넘어서 팬이 되는 공간이도 하다.

매장과 고객 접점 공간에 대한 새로운 접근은 1996년 이탈리아 청바지 브랜드 디젤이 청바지 본고장인 미국 뉴욕에서 스토어를 열었던 사례에서도 찾을 수 있다. 창업자 렌조 로소는 미국 청바지의 대명사와 같은 리바이스 뉴욕 매장 맞은 편에 디젤의 첫 번째 미국 매장을 열었다. 디젤

은 매장 공간을 DJ 박스와 파티로 채우고 당시 디젤의 퍼
포스인 '기존 질서를 무너뜨리는 변혁'을 보여 주었다.

이것은 팬덤이라는 단어가 존재하지 않았던 시절의 브
랜드 마케팅의 일환이었지만 매장을 방문하는 고객에게
디젤 퍼포스를 보여 주었던 팬덤의 사례로 볼 수 있다. 최
근 룰루레몬 등 많은 팬덤 기업들은 팬덤 스토어를 통해
팬 고객과의 직접적인 만남을 추진하며 팬덤 세계관을 만
들어 가고 있다.

이제껏 우리는 IDOL Jeans라는 가상의 팬덤 브랜드를
통해 팬과 팬아이콘 관계를 만드는 B2C 기업의 팬덤 경영
을 살펴보았다. B2C 기업은 제품을 출시한 이후가 아니라
제품을 출시하기 전부터 팬들과의 소통을 시작해야 한다.
상품을 만들기 이전에 어떤 소비자가 우리의 제품을 선택
하고 구매할 것인지 고민하지 말고, 어떤 팬들과 함께 어
떤 새로운 세상을 만들 것인지 고민해 본다면 팬덤은 자연
스럽게 기업을 팬아이콘으로서 인정할 것이다.

팬아이콘이 팬들에게 먼저 문을 열고 세계관을 조율한
다면 처음에는 소수의 팬을 발굴하면서 출발하겠지만 팬
아이콘을 지지하고 응원하는 팬덤의 힘으로 더 큰 슈퍼 팬

덤을 달성하게 될 것이다. 소비재를 생산하는 기업이 바로 앞에 당면한 판매 고객이 만들어 내는 매출 규모에만 집중한다면 슈퍼 팬덤은 열리지 않을 것이다. 팬을 파트너로 받아들이고 팬덤과 함께 성장하는 기업에 기회는 있다. 팬덤 세계관으로 가는 열쇠는 기업이 쥐고 있다.

B2B 기업의 팬덤 경영

"우리 기업의 많은 자회사 중 B2C 기업도 있지만 대부분은 B2B 기업들입니다. 그런데 B2B 기업도 팬덤이 필요한가요?"

많은 사람이 B2B^Business to Business(기업과 기업 사이 이루어지는 거래) 산업의 경우 팬덤과 무용한 것이 아닌가라는 생각을 하기 쉽다. 팬덤은 개인 차원의 문제이며, 기업 대 기업 거래를 통해 판매와 구매가 결정되는 산업에서 구매하는 기업이 법인 신분으로 팬이 되는 것은 아니기 때문이다.

그렇지만 B2B 기업에서 팬덤을 경영하는 것이 오히려 더욱 중요하다. B2B 산업이 B2C와 다른 것은 구매를 결정하는 주체가 개인이 아닌 기업, 특히 기업의 특정 구매 부서에서 결정된다는 것이다. 이러한 의사 결정에 유의미한 영향을 주는 것은 사용자인 기업의 구성원들이다.

미국 등지에서는 이미 2000년대 B2B 기업들이 먼저 팬덤에 더 많은 관심을 갖고 팬덤 경영을 시행했다. 기업 간 거래에서도 중요한 것은 사용자 팬덤이란 점을 인식하게 된 것이다. B2B는 구매자와 사용자가 다르다. 사용자 팬덤은 직접 비용을 지불하지 않고 기업 자산을 사용하는 기업 구성원들로 구성된다. 기업 내 구성원이 소비자가 되는 것이다.

B2B 기업 고객의 팬덤, 아마존 웹 서비스

B2B 기업이 집중하는 팬덤이 무엇인지 아마존 웹 서비스Amazon Web Service, AWS라는 클라우드 서버 기업 사례에서 찾아볼 수 있다. AWS는 미국 기업 아마존의 자회사이며, 세계 1위의 클라우드 컴퓨팅 기업이다. AWS의 서버 솔루션과 각종 보안 소프트웨어 기술은 전 세계 고객에게 안정적이고 효율적인 서버 시스템을 제공하고 있다. AWS 클라우드 컴퓨팅 분야에서의 시장 점유율은 2023년 기준으로 32%에 달하며 안정적인 운영 및 서버 비용 감소 등 좋은

피드백을 받고 있다.

아마존이 AWS 사업을 시작한 계기는 아마존 스스로가 자신의 커머스몰을 안정적으로 운영하기 위해 서버 클라우딩 시스템을 만든 데서 비롯되었다. 커머스몰은 주문량이 집중될 때와 비수기의 간극이 크기 때문에 이를 효율적으로 운영할 클라우드 컴퓨팅 시스템이 필요했고, 아마존은 이를 사업으로 발전시켰다. B2B 기업인 AWS가 타깃팅하는 고객은 클라우드 서버가 필요한 기업이기도 하고 AWS의 솔루션을 사용하는 기업의 개발자이기도 하다.

전통적 B2B 영업에서는 기업형 솔루션의 고객을 구매자인 기업으로 보고 다양한 로비와 마케팅 활동을 전개해왔다. AWS의 팬덤 마케팅은 달랐다. AWS는 개발자 사용자들을 팬으로 만들면서 자연스럽게 팬과 팬아이콘 간의 관계를 구축하고자 했다. 그리고 이렇게 만들어진 개발자 팬들이 자신이 속한 기업에 AWS 솔루션을 구매하도록 압박했다. 이러한 전략은 개발자 팬덤이 기업에게 B2B 솔루션을 구입하도록 만드는 프로세스를 만들어 낸다.

AWS에서 연중 가장 중요한 행사는 AWS 서밋Summit과 리인벤트re: Invent이다. AWS는 미국 라스베이거스에서 'AWS 리인벤트'를 개최해 전 세계 개발자들을 한자리에 모은다. AWS를 사용하거나 협력 관계에 있는 기업 개발자들이 전시 부스를 열어 AWS를 사용한 자사의 성공 사례나 기술적 진화를 설명하고 관련된 분야 개발자들 간 네트워킹을 활발하게 수행한다. 이때 참석하는 고객사 개발자들은 자신들이 AWS를 활용하여 어떻게 기술적 진보를 만들어 냈는지, 자사 비즈니스에 활용하여 사업적 성공을 얼마나 달성했는지 발표하는 자리를 갖는다. 이 자리는 그들에게 영광스러운 자리이며 AWS 팬으로서 성공한 덕후의 감성을 제공한다.

AWS는 각 지역별로 다시 소규모 컨퍼런스를 이어간다. 단지 글로벌 컨퍼런스로만 팬덤 소통 장소를 제한하지 않고, 지역적으로 다양한 컨퍼런스를 열어 더 많은 고객사 개발자 팬덤을 무대 위로 올리는 것이다.

2023년 5월, 서울에서도 AWS 서밋 서울이 열렸다. 이틀 동안 진행된 행사는 '산업 업종별 강연'과 '기술 분야별 강연'으로 나뉘어져 고객사 개발자들이 연단에 섰다. 많은 개발자들이 AWS 서밋 성공 사례 발표에 강연자로 서는 것에 대해 영광이라고 말했다. 그들에게 AWS 발표는 AWS 솔루션에 대한 헌신과 기여를 다하는 자리가 되었다.

미국에서 이러한 개발자 컨퍼런스나 팬 지향 이벤트 프로모션은 매우 일반적인 행사가 되었다. 불필요한 외부 마케팅을 줄이고 사용자 팬덤에 집중하는 것이다. 그리고 대면의 기회를 통해 팬들이 직접 팬아이콘과 만나는 창구를 열어 놓고 팬아이콘의 가치를 다시 많은 사용자 고객에게 전파하면서 팬덤 확장을 시도한다.

다시 B2B도 팬덤이 필요하냐는 처음의 질문으로 돌아가 보자. 팬덤에 집중하는 B2B 기업이 사용자 팬덤 기반에서 경쟁적 우위를 가질 수 있다고 분명히 대답할 수 있다. 고객 기업에서 누군가가 팬심을 가진 사용자가 될 것이고 그 팬들과의 소통은 B2B 매출 실적과 함께 단단한 고객사와의 연결 고리를 만들어 줄 것이다.

이제까지 살펴본 B2C와 B2B 기업의 팬덤 경영은 팬덤을 기반으로 제품이나 서비스의 경영 프로세스 전반을 관리하고 운영하는 가이드를 제공한다. 전통적인 마케팅을 해 오던 많은 기업들이 팬덤에 관심을 가지고 팬고객을 유치하려는 노력은 분명 의미 있는 전략이다. 다만, 팬덤을 경영한다는 것은 마케팅 기법을 하나 추가하는 것과는 다르다. 팬덤으로 재미를 보았던 다른 기업의 사례를 쫓아가는 것 역시 팬덤의 가치와 영향력을 잘못 이해한 것이다.

팬덤은 인간의 보편적인 심리이며 아주 오랫동안 발전해 온 생활 방식이다. 기업이나 개인이 팬덤을 직접 적용하기 위해서는 팬에 대한 근본적인 이해가 필요하다. 팬의 심적 단계와 팬아이콘 특성에 기반한 팬덤 프로세스를 이해함으로써 팬덤 경영이 가능해진다. 유행처럼 떠오르는 반짝 관심이 아닌, 팬고객과의 길고 단단한 관계 만들기에 집중하며 팬들과 소통하는 것이 팬덤 경영의 핵심이다.

에필로그

    팬덤의 시대가 왔다고 말한다. 팬덤에 대한 사람들의 견해는 바라보는 시각에 따라서 때로는 사회를 움직이는 거대한 변혁의 움직임이라고도 불리고, 때로는 인기에 야합하는 수준 낮은 대중 심리라고 언급되기도 한다. 그러나 분명한 것은 과거보다 팬과 팬덤에 대해서 말하고, 관심을 갖는 비중과 횟수는 매우 늘어났다는 점이다. 팬이 가진 영향력이 커졌고, 그만큼 팬들의 응원이 필요한 사회가 되었다는 반증이다. 인터넷을 비롯한 대중 매체에서는 계속해서 스타와 팬들의 이야기가 넘쳐 나고, 기업들은 자신들의 팬덤을 만들기 위해 광고와 홍보를 이용하고 있으며, 국가 기관을 비롯한 정부에서조차 팬덤에 의지하여 지지와 응원을 바라고 있다. 과거보다 팬들의 응원이 더욱 필요한 사회로 변화하고 있는 것이다.

과거 영화나 드라마에서는 팬과 팬아이콘의 관계를 대부분 비정상적으로 다루었다. 스타에 집착하는 팬이 만들어 내는 공포와 스릴러를 단골 소재로 하여 대중문화 콘텐츠들이 만들어졌다. 영화 〈미저리〉(1991)가 그랬고, 〈더 팬〉(1996)이 그러했다. 그리고 잘 알려지진 않았지만 팬덤 사이에서는 유명한 영화 〈피버피치〉(1997)은 축구 광팬의 심리를 잘 나타냈지만 역시 광팬과의 연애가 얼마나 어려운지를 보여 주는, 팬덤의 우스꽝스러운 모습을 담았다.

그러나 2020년대에 들어서면서 영화와 드라마에서 팬덤을 소재로 사용하는 방식이 달라지고 있다. 팬덤이 더 이상 광팬의 모습이 아닌 팬과 팬아이콘 간의 소통을 통해 영감을 주고받는 응원의 콘텐츠로 만들어지고 있는 것이다. 〈80 for Brady〉(2023)는 미식 축구 광팬인 4명의 80대 여성들이 미식 축구 결승전 경기 관람을 가면서 좌충우돌하는 코미디 영화로 실화를 바탕으로 만들어졌는데 마지막에는 미식 축구 선수 브래디에게 승리의 영감을 전달하는 팬덤의 이야기였다.

방송 드라마에서도 팬덤을 소재로 한 드라마가 만들어지고 있다. 드라마 〈선재 업고 튀어〉(2024)는 주인공 스타에게 영감을 받은 여고생 팬이 팬아이콘을 응원하는 이야기인데, 몇 번이나 생을 거듭해서 스타의 생명을 구해 내는 이야기로 크게 화제가 되었다. 또한 〈찐팬구역〉(2024)라는 TV 예능 프로그램은 대한민국 프로야구팀 중 팬덤이 두터운 하위팀, '한화이글스'의 팬들이 출연해서 TV로 경기를 관람하는 프로그램으로 상대팀 팬들과 함께 경쟁적으로 편파적인 응원을 하는 방송 프로그램이다. 새롭게 만들어진 TV 콘텐츠들이 가진 주제의 공통점은 바로 '응원'이다.

20년의 시간이 흐르면서 팬덤을 주제로 만들어진 대중문화 콘텐츠들은 그 출발점과 시각에서부터 많이 달라졌다. 이전 미디어에서 다루던 팬의 모습이 생각과 행동이 특별하고 특이한 사람들이었다면 최근 미디어에서는 보다 일반적이고 보편적인 팬덤을 다루고 있다. 팬이 팬아이콘과 어떠한 관계를 바라고, 만들어지는지에 더욱 초점을 맞추고 있는 것이다. 그리고 이러한 팬심의 한복판에는 언제나 항상 '응원'이라는 말이 존재한다. 팬들은 팬아이콘을 응원하고, 팬아이콘 역시 팬들의 응원에 감사하고 또다시 팬들을 응원한다.

'응원'이라는 말은 '응할 응應'과 '도울 원援'이 만나서 만들어진 말로 호응하며 도와준다는 의미를 지니고 있다. 대개는 운동 경기 중에 선수들이 힘낼 수 있도록 도와주기 위해서 노래나 손뼉 등의 방식으로 함께 경기를 뛰는 마음을 갖고 하는 행동이다. 영어로는 'cheer' 'support' 등과 같은 단어로 번역되고는 한다.

팬의 마음은 인간의 본성에 기반한, 오랫동안 사람이 가져온 순수한 마음이다. 누군가 또는 무엇인가를 팬아이콘으로 정하고, 그 팬아이콘이 큰 성공을 이룰 수 있도록 바라고 돕고자 하는 마음이 팬심이고 팬덤의 가장 핵심적인 심리이다.

아무런 대가를 바라지 않고, 다른 누군가의 성공을 바라고 응원하며 도우려 하는 마음은 얼마나 순수하고 숭고한 마음인가? 팬덤을 연구하기 위해 많은 팬들과 팬아이콘을 인터뷰하고 사례들을 찾아보며 알게 된 것이 하나 있다. 팬심의 가운데 자리 잡은 마음은 지나친 사랑이나 편향된 욕심이 아니라 팬아이콘이 잘되기를 대가를 바라지 않고 바라는 너무나 긍정적이고 아름다운 마음이라는 점이다. 그리고 많은 팬아이콘들은 그러한 긍정적인 응원의 마음을 기반으로 하여 더욱 노력하고 큰 성공을 만들게 된다는 것이다. 팬들의 마음에서 힘을 얻어 팬아이콘은 놀라운

성과를 만들어 내고 이러한 성과에 힘입어 더 많은 팬덤과 소통을 이어간다. 팬과 팬아이콘의 관계는 서로가 서로를 응원하고 영감을 채워 주는 파트너가 된다.

팬덤을 기업의 경영에서 고려하거나, 더 많은 팬덤을 바라는 모든 팬아이콘에게 팬덤은 이렇게 큰 응원과 지지를 보낸다. 그런 팬들에게 응원의 마음을 얻기 위해서 팬아이콘은 무엇을 할 것인가? 마케팅 또는 팬덤을 만들기 위해서 어떤 수단이나 방법을 찾는, 일차원적인 문제는 아닐 것이다. 팬덤의 시대가 왔다고 사람들은 말하고 있고, 많은 사람들이 팬덤을 말한다. 이처럼 팬덤에 많은 사람들이 관심을 갖게 된 것은 그만큼 응원이 필요한 사회가 되었다는 반증일지도 모른다.

기업은 예전보다 더 극심한 경쟁 속에서 차별화된 제품과 서비스를 출시하기 위한 전략에 몰입하면서 소비자를 팬으로 모으려 노력한다. 기업뿐만 아니라 유튜버를 비롯한 크리에이터, 정부나 공공기관에서도 팬덤을 꿈꾼다. 팬아이콘이 되고자 하는 이들은 팬덤을 통해 그들의 영향력을 넓히기를 원한다.

팬과 팬아이콘의 관계는 한쪽 방향으로 소통을 펼치는

관계가 아니라 상호 응원과 지지를 주고받는 쌍방향의 관계이다. 여기서 중요한 것은, 팬심을 단편적인 측면에서 바라보게 되면 소비자와 같은 시장의 대상이나 마케팅 커뮤니케이션 대상으로만 판단할 수밖에 없다는 것이다. 그렇다면 팬들의 마음은 결국 움직이지 않게 된다.

팬의 마음을 얻기 위해서 팬아이콘은 다양한 방법을 동원하기도 한다. 최근의 IT와 AI의 발달은 팬과 팬아이콘의 소통을 위해 더 빠르고 정확한 길을 만들어 내고, 더 많은 정보를 교류할 수 있도록 하였다. 때론 글로벌로 모든 팬덤이 하나로 모일 수도 있고, 팬아이콘의 영향력이 국가와 시간대를 넘어 확장되기도 한다. 그런데 더 많은 정보를 쉽게 만들어 낼 수 있는 새로운 시대의 IT와 지구 환경은 오히려 진정성을 해치기도 한다. 거짓 정보와 스토리가 마치 진실처럼 유포되고 가상의 스토리들도 얼마든지 만들어 낼 수 있는 시대가 왔기 때문이다.

팬에게 공감을 이끌어 내고 응원과 지지의 마음을 얻기 위해 가장 중요한 것은 진정성이며, 진정성은 팬아이콘의 진짜 스토리에서 출발한다는 것을 다시 한번 환기할 때다. 모든 팬아이콘은 본래의 진정성을 가지고 있다. 기업이든 대중문화 아티스트이든 처음 출발점에서는 모두 진정성을 가지고 있고, 바라는 팬퍼포스와 꿈을 가지고 있다. 그런데 진정성은 말만으로, 생각만으로는 드러나지 않는다. 결국 팬이 볼 수 있는 팬아이콘의 행동으로만 판단할 수 있다. 그렇기 때문에 팬아이콘은 행동을 통해 진정성을 드러내야 하는 것이다.

팬과 팬아이콘이 서로 부족한 것을 채워 주는 상호 협력의 관계가 될 때 팬덤은 완전해질 수 있다. 이를 위해 팬아이콘은 스스로를 솔직하게 드러내는 개방성이 필요하고, 또 그것을 행동으로 보여 주는 활동이 필요한 것이다. 그래서 우리는 '진짜' 이야기, 다시 말해 오리지널 트루 스토리를 말하는 것이고, 그것을 달성하기 위한 팬아이콘의 행동이 팬들에게 영감을 주는 것이다. 그리고 이런 팬아이콘의 행동이 결국 더 큰 팬덤을 만들어 낸다.

팬덤은 기업의 입장에서 보면 공략해야 할 대상이 아니라 협력해야 하는 파트너다. 팬들이 응원하고 지지하는 그 순간은 진정성 있게 소통할 때만 가능하다. 또한 팬들 역시 진정성 있게 자신들이 응원하려는 팬아이콘을 스타의 반열에 올린다. 팬들의 세계관에서 진정성을 받아들이는 것은 기업의 제품과 서비스 브랜드가 최초의 목적을 위해 얼마나 노력하고 소통하는가에 달려 있다. 팬아이콘은 성장을 거듭하며 팬퍼포스를 바꾸어 가고, 새로운 팬퍼포스를 계속 만들어 간다. 그리고 팬들은 그것을 이해한다. 그리고 또 다른 방식으로 그들의 열정과 노력을 더 큰 슈퍼팬덤으로 발전시키는가에 따라 팬과 팬아이콘은 파트너십 관계로 발전하게 된다. 바야흐로 팬덤이 가진 무한 긍정의 가치에 집중할 때인 것이다.

팬덤 파워

초판 1쇄 인쇄 2024년 9월 1일
초판 1쇄 발행 2024년 9월 9일

지은이 최원준

편집 홍현진 박새암 윤소연
본문디자인 박은진 **표지디자인** 유어텍스트
마케팅 임동건 **마케팅지원** 신현아 **경영지원** 이지원
출판총괄 송준기 **펴낸곳** 파지트 **펴낸이** 최익성

출판등록 제2021-000049호
주소 경기도 화성시 동탄원천로 354-28 **전화** 070-7672-1001
이메일 pazit.book@gmail.com **인스타** @pazit.book

© 최원준, 2024
ISBN 979-11-7152-051-0 (03320)

THE STORY FILLS YOU
책으로 펴내고 싶은 이야기가 있다면, 원고를 메일로 보내주세요.
파지트는 당신의 이야기를 기다리고 있습니다.